"VERSCHULDET

WAS TUN!?

Hilfen zur Selbsthilfe"

„ Aufgeben ist das Letzte, was man sich erlauben darf "

Hannelore Kohl

Autor

Ich kann von Glück sagen, dass es mir in meinem Leben immer gut gegangen ist. Nun möchte ich gern etwas zurückgeben an Menschen, denen nicht so viel Gutes widerfahren ist.

35 Jahre lang war ich in leitender Position eines Großunternehmens tätig mit Personalverantwortung für 1500 Menschen. Für mich gibt es nichts Schöneres als mit Menschen zu arbeiten, sie zu führen, zu motivieren und mit Ihnen zusammen eine gute Arbeit zu verrichten. Ich stellte neue Kollegen ein, war für ihre Förderung und Weiterbildung mitverantwortlich. Dies machte mir immer große Freude. Doch meine Arbeit hatte auch weniger schöne Seiten. Denn ich musste auch Menschen entlassen und ihnen möglichst andere Perspektiven aufzeigen. Mir war schmerzlich bewusst, dass eine Entlassung bei den Betroffenen Existenzängste auslöst. Schlimmstenfalls kann ein Jobverlust sogar zur Verschuldung führen. Hier habe ich viel Negatives mitbekommen.

Deshalb habe ich, nachdem ich in Rente gegangen bin, die Seiten gewechselt. Ich machte ein Studium zum zertifizierten Schuldnerberater. Außer meiner Motivation, etwas Gutes zurückgeben zu wollen, stellte ich mir die Frage: Was kannst du gut? Dabei kam mir der Gedanke: mit Geld umgehen.

Schon lange arbeite ich für mich selbst mit Konzepten für die Haushalts- und Geldplanung. Diese bewährten Listen und das Wissen aus meinem Studium habe ich für diesen Ratgeber miteinander kombiniert. Damit möchte ich meinen Lesern dabei helfen, mit ihren Schulden zurechtzukommen. Ich zeige ihnen einen Weg auf, wie sie mit bewährten Vorgehensweisen, Hilfsmitteln oder Arbeitsmitteln und einer genauen zeitlichen Abfolge aus der Verschuldung herauskommen. Außerdem erfahren Sie, wie Sie langfristig schuldenfrei bleiben.

Mit dem Willen, etwas verändern zu wollen, schaffen auch Sie es, aus den Schulden herauszukommen. Ich freue mich, dass Sie den Mut haben, Ihre Schulden anzugehen. Wenn Sie bereit sind, sich selbst zu helfen, unterstützt Sie dieser Ratgeber dabei. Auch Ihre Familie und Ihr Partner wird es Ihnen danken, dass Sie die Initiative übernehmen.

Ich wünsche Ihnen,
dass Sie schon bald sagen können:
Ich bin schuldenfrei – und bleibe es auch!

Auf der Website

www.inops-solutions.de

erhalten Sie weitergehende Infos zum Thema Verschuldung und ein
Angebot an Hilfsmitteln.

Ich wünsche Ihnen viel Erfolg.
Auch Sie schaffen den Weg zur Schuldenfreiheit!

Heinrich Martin Thiel
März 2017

Bibliografische Information der Deutschen Nationalbibliothek:
Die Deutsche Nationalbibliothek verzeichnet diese Publikation
in der Deutschen Nationalbibliografie; detaillierte bibliografische Daten sind
im Internet über dnb.dnb.de abrufbar.

© 2017 , Heinrich Martin Thiel
Herstellung und Verlag:
BoD – Books on Demand, Norderstedt

ISBN: 978-3-7448-2113-1

INHALT

05

Anhang 102

Einführung

Ihr Konto ist im Minus – und das schon länger? Sie erhalten Rechnungen und Mahnungen, die Sie gar nicht mehr alle öffnen? Sie wissen, dass Sie mehr Geld ausgeben als einnehmen und eigentlich etwas ändern sollten – aber nicht, was und wie? Sie trauen sich nicht, zu einer Schuldnerberatung zu gehen?

Dann ist dieser Ratgeber genau richtig! Er hilft Ihnen, an Ihrer Verschuldung etwas zu ändern. Wenn Sie Ihre finanzielle Situation in den Griff bekommen wollen, können Sie das schaffen. Sie erfahren auch, wie Sie dauerhaft Ihre Finanzen regeln, damit Sie nie wieder in die Verschuldung geraten.

Sie erfahren, wie Sie sich erstmal einen Überblick über Ihre Finanzen verschaffen und diesen Überblick bewahren. Dieser erster Schritt, in dem Sie sich Ihre finanzielle Situation bewusst machen, ist vielleicht der wichtigste. Wenn Sie diesen geschafft haben, ist der restliche Weg übersichtlich und leicht zu gehen.

Der Ratgeber enthält eine genaue zeitliche Abfolge und Beschreibung der Schritte, die Sie auf dem Weg zur Schuldenfreiheit gehen müssen. Dieser Weg ist außerdem unterteilt in kurz-, mittel- und langfristige Maßnahmen. Wenn Sie die kurzfristigen Maßnahmen umsetzen, werden Sie sehen, wie schnell und einfach Veränderungen möglich sind. Damit sind Sie motiviert, auch die längerfristigen Dinge anzugehen.

Einfache Hilfsmittel wie Listen, Tabellen, Entscheidungshilfen und Rechenprogramme unterstützen Sie zusätzlich dabei, Ihre finanzielle Lage zu sortieren und zu verbessern.

Zudem erhalten Sie Hilfestellung dabei, wie Sie mit Ihrem persönlichen Umfeld – Familie und/oder Partner – sprechen und sie auf den Weg mitnehmen. Denn klar ist: Auch sie müssen ihren Teil dazu beitragen, dass Sie alle schuldenfrei werden.

Alle Schritte sind einfach nachzuvollziehen und leicht in die Praxis umzusetzen.

Der Ratgeber ist geeignet für Singles, Paare, Familien, Berufstätige und Rentner, die an ihrer Situation etwas ändern wollen und die daran glauben, dass sie dies aus eigener Kraft schaffen können.

Der erfolgversprechende Weg, Ihre Verschuldung abzubauen:

1. Schaffen Sie sich Bewusstheit.
2. Entwickeln Sie einen Willen zur Veränderung.
3. Analysieren Sie systematisch die Themen.
4. Erarbeiten Sie Wege und Strukturen, um die Themen zu ändern.
5. Setzen Sie die vereinbarten Maßnahmen um, und bleiben Sie dabei beharrlich.
6. Nehmen Sie sich nicht zu viel auf einmal vor.
7. Beginnen Sie mit den einfachen Themen, die schnell umsetzbar sind und zu schnellen Erfolgen führen (kurzfristige Maßnahmen).
8. Gehen Sie danach systematisch die Themen an, die längere, Entscheidungen bedürfen (mittelfristige Maßnahmen).
9. Arbeiten Sie danach an grundsätzlichen Themen, die die Veränderungen sicherstellen (langfristige Maßnahmen).
10. Geben Sie nie auf, und verlieren Sie niemals den Mut!

Wie Sie heute mit Geld umgehen, haben Sie bereits als Kind gelernt. Denn Ihre Eltern haben Ihnen – direkt oder indirekt – gezeigt, wie man mit Geld

WAS TUN!?

umgeht – oder auch, wie besser nicht. Es kann sein, dass diese Erfahrungen Sie tiefgreifend und unterbewusst geprägt haben.

Jedoch: Es ist nie zu spät, die eigene Sichtweise und Einstellung zu ändern! Dass Sie zur Erkenntnis gekommen sind, dass etwas getan werden muss, ist schon der erste Schritt, den Sie bereits bewältigt haben. Nun gilt es, dass Sie Ihren Umgang mit Geld weiter reflektieren und daraus die nächsten nötigen Schritte ableiten.

Seien Sie ein Vorbild für andere, nicht zuletzt für Ihre eigenen Kinder.

Nehmen Sie Ihre Zukunft in die Hand, und leben Sie Grundweisheiten vor:

- Für eine positive Lebensgestaltung ist jeder selbst verantwortlich.
- Jeder kann sich in jeder Lebenslage selbst helfen.
- Disziplin und Willensstärke lösen Probleme.
- Es lässt sich über alles reden.
- Reden löst Probleme.
- Probleme zu verdrängen vervielfacht die ungelösten Probleme nur.
- Jeder ist seines Glückes Schmied.

WAS TUN!?

Bezogen auf Verschuldung ergeben sich ergänzende Kernaussagen:

- Klarheit ist der Schlüssel zu Veränderungen.
- Nichts schön reden, sondern realistisch einschätzen.
- Den Euro einmal zusätzlich umdrehen, bevor man ihn ausgibt.
- Positiv, aber realistisch denken und handeln.
- In der Familie oder Lebensgemeinschaft ein positiver, aber auch realistischer Meinungsbildner sein.
- Lieber einmal mehr NEIN sagen als einmal zu viel JA.
- Freunden, die es offensichtlich ehrlich und gut mit einem meinen, offen begegnen.
- Aber auch falscher, möglicherweise gut gemeinter Rat, kann verheerende Folgen haben.
- Vertrauen muss man sich erarbeiten durch Vorleben.

Wichtig ist ein solides Fundament:
die eigene Familie oder Lebensgemeinschaft.

- Die Familie ist der Herd von Offenheit und gegenseitigem Vertrauen.
- Kinder verdienen Vertrauen.
- Die Familie ist der Pool von Lösungsmöglichkeiten für Probleme.

Im Folgenden erfahren Sie, wie Sie diese Werte vermitteln und wie Sie gemeinsam den Weg zur Schuldenfreiheit gehen können.

Grundlagen schaffen

Sie sind in eine Situation geraten, in der Sie merken: Hoppla, hier läuft etwas schief, etwas in meinem/unserem Leben geht in die falsche Richtung.

Vielleicht hat sich beruflich etwas verändert, weshalb Sie nicht mehr so viel Geld zur Verfügung haben. Oder andere Umstände – etwa Kinder, eine größere Wohnung, Umzug, Scheidung, Arbeitslosigkeit oder gar Krankheit und Berufsunfähigkeit – haben zur Verschuldung geführt. Auch Ihr Umfeld hat wahrscheinlich reagiert. Es kann sein, dass es wegen der Verschuldung zu Spannungen innerhalb der Familie und/oder Partnerschaft gekommen ist, was die Situation zusätzlich erschwert. Dass Sie diese Veränderungen wahrgenommen haben, ist gut und wichtig. Dadurch erhalten Sie zusätzliche Motivation, die Sie brauchen, um die Dinge wieder in Ordnung zu bringen.

> ## Seien Sie der Motor der Veränderung !!

Bezogen auf Ihre Finanzsituation könnte solch eine Erkenntnis lauten:

Die Schulden nehmen zu, mein/unser Lebensstil und unsere Lebensgewohnheiten passen nicht mehr zu den Einnahmen, die wir generieren, weil die Ausgaben zu hoch geworden sind.

WAS TUN!?

Um diese Situation auf längere Sicht zu verbessern, sollten Sie im ersten Schritt diese Erkenntnis mit sich allein bzw. mit der Familie oder Ihrer Lebensgemeinschaft besprechen und deutlich machen, dass sich etwas ändern muss.

$$D\text{er Leitgedanke :}$$
Ich kann nicht mehr Geld ausgeben als ich einnehme.

Nutzen Sie diese Erkenntnisse, um ins Gespräch zu kommen. Bereiten Sie sich auf ein Erstgespräch vor, indem Sie Fakten sammeln und diese anhand von Zahlen und Vorgängen plausibel darlegen.

Es ist legitim, dies auch auf einzelne Personen bezogen zu tun.

Wobei Sie die Gesamtproblematik nicht aus den Augen verlieren dürfen, um nicht schon in diesem frühen Stadium Gefahr zu laufen, den Partner, das Kind etc. zu verärgern und dadurch für einen Veränderungsprozess zu verlieren.

Fragen Sie nach der Meinung der anderen, und bilden Sie daraus ein Gesamtbild.

In einer solchen Situation können die Betrachtungsweisen durchaus unterschiedlich sein – etwa, weil Fakten nicht allen Beteiligten bekannt sind oder Gewohnheiten den Blick für das Reale verstellt haben.

Dabei gilt:

Schulden zu haben ist nichts anderes, als eigene Spielregeln in einem Miteinander (Ehe/Partnerschaft) nicht beachtet zu haben.

An diese Spielregeln muss wieder erinnert werden, oder sie müssen überhaupt erst aufgestellt werden. Das geschieht, wenn alle miteinander über das Problem reden und sich austauschen.

Der Wille, gemeinsam etwas verändern zu wollen, sollte das Ziel des ersten Schrittes sein.

Jeder, als Single, in der Familie oder in der Partnerschaft, kann durch Offenheit, Einsicht und Vernunft seinen Beitrag dazu leisten, einen Veränderungsprozess anzustoßen und im Folgenden diesen Prozess aktiv mitzugestalten und zu begleiten.

In diesem Stadium der Findung und Grundlagensammlung kann jeder Beteiligte seine jeweiligen Themen aufschreiben.

Eine Grundstruktur für ein solches Gespräch können die folgenden Fragen bilden:

1. Was ist aus meiner Sicht zu verbessern?
2. Was kann ich persönlich tun?
3. Worauf kann ich persönlich verzichten?
4. Welchen Mehrwert kann ich zusätzlich leisten?

Nutzen Sie für diese Art der Meinungsbildung und -findung kleine Karteikarten.

Schreiben Sie pro Thema eine Maßnahme/Verbesserung/Analyse auf eine Karte.

Nehmen Sie sich dafür Zeit. Wählen Sie eine Atmosphäre der Ruhe und einen geeigneten Zeitpunkt. Niemand soll unter Zeitdruck stehen.
Um Klarheit über die Ausgaben zu bekommen, können Sie beispielsweise – ohne Anspruch auf Vollständigkeit – fragen:

Welche Ausgaben werden jeden Monat von jedem Familienmitglied getätigt? Definieren Sie Gruppen. Diese können zum Beispiel sein:

– ERWACHSENER

Ausgabenspiegel erstellen
zu persönlichen Themen:
Rauchen, Hobbys, Gast-
stättenbesuche, Kleidung,
Zeitschriften, Auto, Smartphone, Fernsehgewohnheiten,
Freizeitgestaltung

– ERWACHSENE

Ausgabenspiegel erstellen
zu persönlichen Themen:
Rauchen, Kosmetika, Zeit-
schriften, Hobbys, Kleidung,
Schuhe, Friseur, Smartphone,
Freizeitgestaltung, Fernsehgewohnheiten

– KINDER

Ausgabenspiegel erstellen
zu persönlichen Themen:
Kleidung, Spiele, Smartphone,
Taschengeld, Fernsehen

– FAMILIE

Ausgabenspiegel im Allgemeinen erstellen

Bei diesem Prozess erhalten Sie Themen und Möglichkeiten sowie bereits erste Maßnahmen, die
Ihnen bei den nächsten Schritten weiterhelfen.

Moderieren Sie das Gespräch.

Nun ist eine gute Basis für die nächsten Schritte geschaffen. Jeder Einzelne wurde an dem Prozess der ersten Meinungsbildung beteiligt und somit ernst genommen. Vielleicht haben Sie sogar bereits darüber diskutiert, was für einzelne Beteiligte vorstellbar ist und was nicht – etwa, auf bestimmte Konsumgüter zu verzichten.

Sie haben alle miteinander geredet und sich aktiv mit der Darstellung und den Möglichkeiten auseinandergesetzt, wie das Schuldenproblem angegangen und behoben werden kann.

Am Ende des Gesprächs sammeln Sie die beschriebenen Karteikarten ein. Die Karten, die Sie benutzt und beschriftet haben, können Sie nach den Leitfragen von S. 7 ordnen und zusammenfassen.

Die Karten bewahren Sie für die nächsten Schritte sorgsam auf.

Systematik des Sortierens und Zuordnens:

	Familie	Erw. I	Erw. II	Kind
Verbesserungspotential	1 Karte			1 Karte
Persönliches Tun		2 Karten	3 Karten	
Persönlicher Verzicht				
Mein Mehrwert		1 Karte		4 Karten

Bild 1 : Systematik der Kartensortierung

Klarheit gewinnen

Mit dem offenen Erstgespräch haben Sie für einen generellen Veränderungs-
willen gesorgt. Eine erste Grobanalyse ist erstellt. Jetzt ergibt sich die Detailarbeit.

Für diese Detailarbeit muss ein Verantwortlicher/Macher bestimmt werden.

Grundvoraussetzung ist, dass Sie eine Systematik der
Ablage haben für Ihre

Ausgaben, Schriftwechsel (Briefe), Einnahmen, Verträge, Policen,
Daueraufträge, Abbuchungen, Hauswirtschaft (Müll, Strom/Gas,
Wasser, Abwasser), feste Ausgaben, zusätzliche Einnahmen.

Wenn das nicht der Fall sein sollte, ein Tipp:

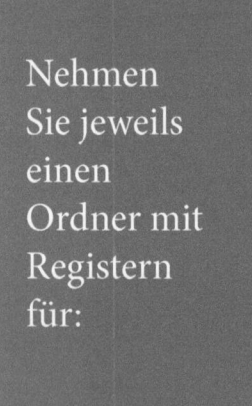

Nehmen Sie jeweils einen Ordner mit Registern für:

- Bank, Hypotheken, Dispo-Konditionen, Sparen, Kreditverträge
- Versicherungen/Policen, Krankenkasse,
- Kfz, Versicherungen, Kfz-Schein, Reparaturen, Steuern
- Strom, Gas, Wasser, Abwasser, Müll, Gemeinde
- Anschaffungen
- ggf. Arbeitsamt
- Berufsangelegenheiten, Lohnbescheinigungen, Sozialbescheinigungen, Schreiben des Arbeitgebers
- Finanzamt (siehe Tipp 2)

Tipp 1

Legen Sie sich in jeden Ordner eine Registerübersicht (1–10).

Zu jeder einzelnen Lasche hinterlegen Sie den relevanten Schriftwechsel. Sortieren Sie das neueste Dokument jeweils nach oben.

Erstellen Sie ein Übersichtsblatt zu den Registern mit Titeln.

Aufbewahrungsfristen für Ihre privaten Unterlagen

Überprüfen Sie Ihre Unterlagen, Rechnungen und Dokumente und misten Sie ggf. aus.

Unterlagen, die für die Steuer relevant sind, müssen Sie nur für einen bestimmten Zeitraum aufbewahren. Dabei werden folgende Fristen unterschieden:

– AUFBEWAHRUNGSFRIST 10 JAHRE

Kontenbücher, Journale, Girokonten usw., in denen die letzten Eintragungen vor zehn Jahren und früher erfolgt sind,
Bilanzen

Rechnungen, Bescheide, Zahlungsanweisungen, Kontoauszüge

Reisekostenabrechnungen, Bewirtungsbelege, Kontoauszüge, Lohn- bzw. Gehaltsabrechnungen

Depotauszüge, Quittungen, Verbindlichkeiten (Zusammenstellungen), Vermögensverzeichnis

– AUFBEWAHRUNGSFRIST 6 JAHRE

Lohnkonten und Unterlagen (Bescheinigungen) zum Lohnkonto

Sonstige für die Besteuerung notwendige Unterlagen wie Darlehensunterlagen, Mietverträge, Versicherungspolicen

Bankbürgschaften, Gutschriften, Jahreslohnnachweise, Mahnbescheide, Schadensunterlagen, Schuldscheine, Telefonkostennachweis, Überstundenlisten, Verträge

Nützlicher Hinweis:

Jedes Jahr steht eine Einkommenssteuererklärung an, die Sie abgeben sollten, um Steuern erstattet zu bekommen.

Nutzen Sie über das Jahr eine Systematik für die Ablage von Rechnungen, steuerrelevantem Schriftverkehr, Belegen aller Art und Notizen.

Für Ihren Steuerberater oder die Person, die die Steuererklärung erstellt, ist dies sehr hilfreich.

**EINEN ORDNER MIT
EINEM REGISTER ANLEGEN**

1.	Finanzamt (FA),	Steuerbescheid des letzten Jahres
2.	Werbungskosten	W
3.	Außergewöhnliche Belastungen	AB
4.	Handwerkerrechnungen	H
5.	Bewerbungen	B
6.	Arbeitszimmer	AZ
7.	Versicherungen, Hausnebenkosten	V
8.	Fahrtkosten	F

Tipp 2

Ordnen Sie jedes relevante Schriftstück einem der Register zu und kennzeichnen Sie im oberen rechten Rand jedes Schriftstück mit dem jeweiligen Buchstaben und einer fortlaufenden Ziffer (z.B. W 10, AB 2, ...)

Legen Sie einen Ablageordner an, beschriften Sie den Aktenrücken mit der Information über den Inhalt des Ordners und legen Sie systematisch jedes der gekennzeichneten Schriftstücke chronologisch im jeweiligen Register ab.

Als Nächstes könnten Sie, wenn Sie Excel-Anfänger-Kenntnisse haben, für jedes Register eine Tabelle anlegen, in die Sie jeden Posten mit Nummer, Datum, Titel und Betrag eintragen.

Auf diese Art erhalten Sie eine praktische Übersicht.

Nr.	Datum	Titel	Betrag
H1	07.01.2016	Schornsteinfeger	25,00

Tipp 3

Mit dieser Systematik haben Sie am Ende des Jahres eine klare und einfache Basis für Ihre Einkommenssteuererklärung. Sie erhalten zudem eine gute Grundlage für weitere Analysen Ihrer Ausgaben.

Nehmen Sie diese Arbeit zum Anlass, alle relevanten Schriftstücke, Verträge, Verpflichtungen etc. zu suchen und neu zu sortieren.

Es lohnt sich wirklich, alles aufzuräumen und nichts auszulassen, sei es noch so alt. Dies kann wichtig sein, um eventuell Historien/Veränderungen/Nachweise besser nachvollziehen zu können.

Dies ist eine Basisarbeit, die Sie angehen müssen. Doch es lohnt sich, denn sie erleichtert die Arbeit in den folgenden Schritten hin zum Schuldenabbau.

ORDNUNG IST DAS HALBE LEBEN

Tipp 4

Hilfsmittel 1 „Tabellen
für Einkommenssteuererklärung"

	Einkommensteuererklärung				

Einkommensteuererklärung

Name: Max Mustermann

Jahr: 2015

Kostenart

AZ

lfd. Nr.	Datum	Titel		Betrag €	Vermerk
1	12.03.15	Computer		750,00 €	Abschreibung über 3 Jahre
2					
3					
4					
5					
6					
7					
8					
9					
10					
11					
12					
13					
14					

Seite 1 von 3

Dieses Hilfsmittel können Sie schnell und einfach über unseren Onlineshop
www.inops-solutions.de kaufen und sofort herunterladen.

Aktuellen Schuldenstand und Einnahmen überprüfen

Sie haben Ordnung geschaffen und damit einen weiteren Schritt zur Verbesserung Ihrer Situation getan. Gratulation!

Bestenfalls haben Sie jetzt alle Unterlagen, die Sie für die nächsten Schritte benötigen. Sollten Sie Lücken bereits in den Unterlagen erkennen, notieren Sie sich, was fehlt und wo Sie es nachträglich beschaffen können.

Jetzt fängt die eigentliche Arbeit für Sie an, sozusagen die Analysephase. In dieser verschaffen Sie sich einen Überblick über Ihre Situation.

Dazu werden wir über verschiedene Hilfsmittel sprechen, die Ihnen für diese Analysen, aber auch für die weitere notwendige Klarheit hilfreich sein werden. Verschaffen Sie sich als Erstes einen Überblick über Ihren Schuldenstand.

Wissen Sie, wer alles Geld von Ihnen erhält – regelmäßig, außerplanmäßig, kurzfristig?

Dies sind Ihre Gläubiger. Erstellen Sie eine Gläubigerliste.

Hilfsmittel 2 „Gläubigerliste"

Gläubigerliste

Name: _____   Datum: _____

Nr.	Gläubiger Firmenname Anschrift	Ansprechpartner Tel.Nr.	Aktenzeichen Vorgangsnummer	Ursprungs-forderung in €	Aktuelle Forderung in €	
1	Sparkasse Musterhausen	Herr Mustermann 0123/45678	XYZ-123456-789	5.000,00 €	4.000,00 €	00.00.0000
2						00.00.0000
3						00.00.0000
4						00.00.0000
5						00.00.0000
6						00.00.0000
7						00.00.0000
8						00.00.0000
			Summen:	5.000,00 €	4.000,00 €	

www.inops-solutions.de
INOPS Solutions | Version 1.0

INOPS Solutions
help yourself

Dieses Hilfsmittel können Sie schnell und einfach über unseren Onlineshop www.inops-solutions.de kaufen und sofort herunterladen.

Listen Sie zunächst namentlich anhand der Liste alle Gläubiger auf, die Geld von Ihnen zu erwarten haben.

WAS TUN!?

Dazu gehören:

- Firmenname und Anschrift
- Ansprechpartner mit Anschrift und Telefonnummer
- Aktenzeichen, Vorgangsnummer, unter der dieser Vorgang geführt wird
- Datum des Forderungsabschlusses
- Ursprungsforderung in €
- Aktuelle Forderung in €

Mit dieser Liste erhalten Sie einen ersten Eindruck Ihres Schuldenstandes und der zeitlichen Verpflichtung, in der Gelder zurückgezahlt werden müssen.

Außerdem sehen Sie, wo Sie bereits Außenstände haben und diese nicht bedienen. Außenstände sind nicht bezahlte Rechnungen oder Zahlungsverzüge.

Diese Analyse lässt sich mit einem zweiten Hilfsmittel noch klarer machen und verfeinern.

Hilfsmittel 3 „Forderungsaufstellung – jährlich"

Forderungsaufstellung - jährlich

Name: _____   Datum:

Nr.	Gläubiger Ansprechpartner	Forderung ursprünglich	Zinssatz vereinbart jährl.	Tilgung vereinbart jährl.	Zusatzkosten Abschlussgeb. Bearbeitung	Gesamt- forderung ursprünglich	Gesamt- forderung aktuell	Dat. Abs.	
1	Musterbank	5.000,00 €	2%	100,00 €	0,00 €	5.000,00 €	4.000,00 €	01.01.16	33
2	Musterbank	10.000,00 €	1,50%	500,00 €	250,00 €	10.250,00 €	8.000,00 €	01.01.16	67
3						0,00 €			0
4						0,00 €			0
5						0,00 €			0
					Summe	15.250,00 €	12.000,00 €		

Agenda
Ursprungsforderung: Der Betrag der als Kredit vereinbart wurde, ohne Zusatzkosten wie z.B. Bearbeitungsgebühren
Gesamtforderung ursprünglich: Summe aus Ursprungsforderung und Zusatzkosten
Gesamtforderung aktuell: Summe aus Ursprungsforderung und Zusatzkosten zum Zeitpunkt der Erstellung der Übersicht
Gewichtung: % von der Summe aller aktuellen Gesamtforderungen, je höher der Prozentsatz, desto dringlicher die Maßnahme

www.inops-solutions.de
INOPS Solutions | Version 1.0

INOPS Solutions

Dieses Hilfsmittel können Sie schnell und einfach über unseren Onlineshop
www.inops-solutions.de kaufen und sofort herunterladen.

Mittels dieser Auflistung erhalten Sie den tatsächlichen und auch auswertbaren Stand Ihrer momentanen Verpflichtungen. Sie errechnen Ihre gesamten
Schulden und den gesamten Schuldenstand zum Erfassungsdatum.

WAS TUN!?

Hierzu listen Sie folgende Informationen auf:

- Gläubiger/Ansprechpartner mit Parametern (Hilfsmittel 1)
- Ursprungsforderung/Hauptforderung
- vereinbarter Zinssatz (jährl.)
- vereinbarte Tilgung (jährl.)
- zusätzliche Kosten (Abschluss-, Bearbeitungsgebühren ...)
- ursprüngliche Gesamtforderung
- aktuelle Gesamtforderung
- Gewichtung der Forderungen in %
  Diese Information ist wichtig, um die Dringlichkeit festzustellen, und
  hilft dabei, in der Familie die ersten Maßnahmen festzulegen.

Die dritte Ergänzung dieser Analyse wird Ihre momentane monatliche Belastung zeigen. Dabei hilft Ihnen die Forderungsliste – monatlich:

Hilfsmittel 4 „Forderungsliste – monatlich"

Forderungsaufstellung - monatlich

Name: _____   Datum: _____

Kredit Nr.	Gläubiger Ansprechpartner	Kreditform	Zweck des Kredites	Laufzeit in Monaten	Gesamt- kredit	Auszahl- ungsbetrag	Vereinbarter Nominalzins	Effektiver Zins	Anzahl der Raten		
1	Musterbank	Darlehn	Renovierung Badezimmer	48	10.500 €	10.000 €	1,9	1,98	48	monatlich	150 €
2											
3											
4											
5											
				Summen:	10.500 €	10.000 €				Summe:	150 €

Agenda
Kreditform: Angabe um welchen Kredit es sich handelt (Darlehn, Hypothek, Konsumentenkredit, ..)
Gesamtkredit: Abschlußbetrag des Kredits nominell
Auszahlungsbetrag: Abschlußbetrag minus Bearbeitungsgebühren, Disagio oder ähnliches
Nominalzins: Der vereinbarte nicht veränderbare Zins über die Vertragslaufzeit
Effektiver Zins: Der vereinbarte nicht veränderbare Zins über die Vertragslaufzeit, incl etwaiger Gebühren, usw.
Fälligkeit der Raten: Datum des jeweiligen Einzugstermins, monatlich oder quartalsmäßig oder jährlich

www.inops-solutions.de
INOPS Solutions | Version 1.0

INOPS Solutions
help yourself

Dieses Hilfsmittel können Sie schnell und einfach über unseren Onlineshop www.inops-solutions.de kaufen und sofort herunterladen.

Mittels dieser Auflistung erhalten Sie den tatsächlichen und auch auswertbaren Stand Ihrer monatlichen Verpflichtungen und damit Ihres monatlichen abzutragenden Schuldenstandes.

WAS TUN!?

Hierzu listen Sie folgende Informationen auf:

- lfd. Nr. aus Hilfsmittel 1 u. 2 mit Grunddaten (Kreditgeber, Ansprechpartner, …)
- Kreditform (Hypothek, Ratenkredit, Konsumkredit, kurzfristige Kredite, Dispokredit)
- Zweck
- Laufzeit
- Gesamtkredit (aus Hilfsmittel 1)
- Auszahlungsbetrag
- vereinbarter Nominalzins
- effektiver Zins
- Anzahl der vereinbarten Raten
- Fälligkeit der Raten
- Höhe der monatlichen Raten

Ergebnis: Summe der monatliche Ratenzahlungen/Belastungen

Nun haben Sie eine klare Übersicht Ihrer Verpflichtungen – Kredite, Zinsen und Tilgung –, die Sie monatlich leisten müssen, sowie der Laufzeit dieser Verpflichtungen.

Sie haben zudem den Überblick, wo Sie bereits in Verzug sind und die vereinbarten Konditionen nicht eingehalten haben.

Im nächsten Schritt können Sie diese Auswertung der Dringlichkeit nach gewichten. Dies hilft bei der Klärung und dabei, erste Maßnahmen festzulegen und zu planen.

Hierzu dient Ihnen das Hilfsmittel „Dringlichkeit und erste Maßnahmen".

Hilfsmittel 5 „Dringlichkeitsliste und erste Maßnahmen"

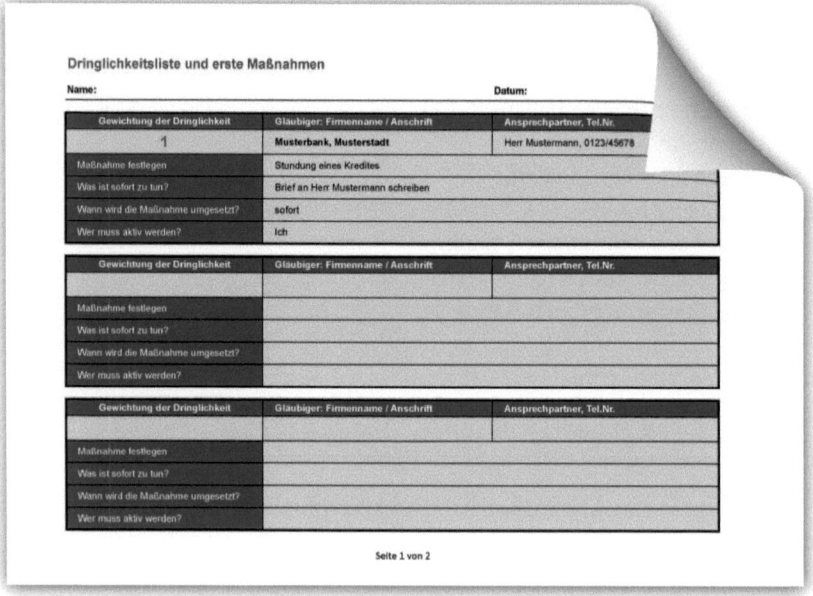

Dieses Hilfsmittel können Sie schnell und einfach über unseren Onlineshop www.inops-solutions.de kaufen und sofort herunterladen.

Folgende Informationen sollten Sie verarbeiten und ggf. in diesem Hilfsmittel vervollständigen:

–   lfd. Nr. aus Hilfsmittel 1 u. 2 mit Grunddaten (Kreditgeber, Ansprechpartner …)

- Gewichtung festlegen (lfd. Nr. 1 = größte Dringlichkeit, lfd. Nr. 2 = zweitgrößte Dringlichkeit etc.)
- Maßnahme definieren
- Warum: (Grund für die Dringlichkeit (Mahnung, Gerichtsvollzieher, …)
  Was: Was ist direkt zu tun?
  Wann: Wann setze ich die vorgeschlagene Maßnahme um?
  Wer : Wer muss aktiv werden?

Sie sind erstaunt über den aktuellen Stand Ihrer Analyse?
Sie haben Ihre Ausgabenmöglichkeiten überschätzt?
Sie haben sich zu viel zugemutet?

Das Ergebnis liegt jetzt klar auf dem Tisch: Sie wissen, wohin Ihr Geld fließt, und welche Maßnahmen Sie wann ergreifen müssen. All das für das Ziel: Abbau Ihrer Schulden.

Gott sei Dank haben Sie früh genug erkannt:

- Meine finanzielle Situation läuft aus dem Ruder.
- Ich muss etwas tun.
- Ich kann jetzt auch etwas tun, weil ich die nötige Übersicht habe.

Aktuelle Ausgaben überprüfen – Ausgabenübersicht

Nachdem wir den aktuellen Stand Ihrer finanziellen Verpflichtungen geklärt haben, schauen wir uns jetzt an, wie sich Ihre laufenden Ausgaben zusammensetzen.

Da vermutlich Ihre wesentlichen Ausgaben über das Girokonto laufen, nehmen Sie die Kontoauszüge als Basis für die Ausgabenübersicht.

Ratsam ist es, die Kontoauszüge der letzten 12 Monate heranzuziehen, um auch die Quartals- und Jahresausgaben erfassen zu können.

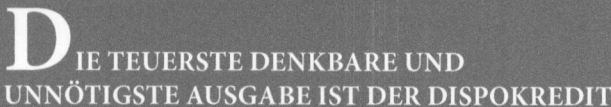

DIE TEUERSTE DENKBARE UND
UNNÖTIGSTE AUSGABE IST DER DISPOKREDIT

Tipp 5

Minimieren Sie als Erstes den Dispokredit.

Dieser hat immer noch einen Zinssatz von über 10%, obwohl sich die allgemeinen Zinssätze in den vergangenen Jahren gegen Null bewegt haben. Führen Sie möglicherweise diese Beträge in einen Kreditvertrag über.

Mit dem Formular „Ausgabenübersicht" haben Sie ein einfaches Hilfsmittel, um Ihre Ausgaben systematisch zu erfassen und in Themenblöcke aufzuteilen, wie etwa:

Mieten
Hausnebenkosten

- Abrechnungen über Verwaltung
- Strom
- Öleinkauf/Gaseinkauf

Haushaltsgeld
Auto(s)
Versicherungen
Kontoführungsgebühren
Fernseher
Kommunikation (Festnetz, Mobil)
Berufsnebenkosten (Fahrten zur Arbeit,
Kantine, …)
Kleidung
Kindergarten/Schule
Taschengelder
Genussmittel
Reisen/Freizeit
Mitgliedsbeiträge (Sportverein, …)
Anschaffungen – notwendig
Anschaffungen – nicht unbedingt notwendig
Unterhaltsverpflichtungen
ggf. zusätzl. Krankenversicherungen
ggf. zusätzl. Rentenversicherungen
Reisekostenabrechnungen, Bewirtungsbelege, Kontoauszüge,
Lohn- bzw. Gehaltsabrechnungen, Depotauszüge, Quittungen,
Verbindlichkeiten (Zusammenstellungen),
Vermögensverzeichnis

Hilfsmittel 6 „Ausgabenübersicht"

Ausgabenübersicht

Name: Max, Mustermann   Da...

lfd. Nr.	Titel	monatliche Ausgaben	
1	Mieten	4...	
2	Hausnebenkosten		
2a	Abrechnung über Verwaltung		
2b	Strom	60,00 €	
2c	Öl-/Gaseinkauf		
3	Haushaltsgeld		
4	Kfz		
5	Versicherungen		
6	Kontoführungsgebühren		
7	Fernsehen		50,00 €
8	Internet	39,90 €	
9	Kommunikation(Festnetz/Mobil)		
10	Berufsnebenkosten		
11	Kleidung		
12	Kindergarten		
13	Taschengeld		
14	Genussmittel		
15	Reisen/Freizeit		
16	Mitgliedsbeiträge (Sportverein,...)		
17	Anschaffungen - notwendig		
18	Anschaffungen - nicht notwendig		
19	Unterhaltsverpflichtungen		
20	Sonstiges		
21	Sonstiges		
	Summen	499,90 €	50,00 €
	Gesamtsumme monatlich	504,07 €	
	Gesamtsumme jährlich	6.048,80 €	

Agenda
monatliche Ausgaben sind die Kosten die jeden Monat anfallen
jährliche Ausgaben sind die Kosten, die einmal pro Jahr anfallen
Summen = Addition der montl. Ausgaben, Summe der jährlich anfallenden Ausgaben
Gesamtsumme monatlich = Addition der monatlichen Ausgaben plus die jährlichen Ausgaben dividiert durch 12 Monate
Gesamtsumme jährlich = Summe monatlich mal 12

www.inops-solutions.de
INOPS Solutions | Version 1.0

INOPS Solutions

Dieses Hilfsmittel können Sie schnell und einfach über unseren Onlineshop
www.inops-solutions.de kaufen und sofort herunterladen.

WAS TUN!?

Als Ergebnis dieser Aufstellung erhalten Sie die tatsächliche Summe Ihrer monatlichen Ausgaben. Haben Sie Quartalsausgaben oder Jahresausgaben identifiziert, dritteln oder zwölfteln Sie diese und tragen Sie die entsprechenden Beträge in Ihre Tabelle ein.

Darüber hinaus können Sie jetzt erkennen, welche Posten Ihre Ausgaben am meisten und am wenigsten belasten.

Entsprechend der Tabelle „Ausgabenübersicht" legen Sie eine neue Reihenfolge fest. Diese richtet sich nicht nur nach der Größe des Ausgabenblocks, sondern auch danach, wie direkt Sie die Ausgaben beeinflussen und reduzieren können.

NUN HABEN SIE IHRE AUSGABENSEITE KOMPLETT GEPRÜFT UND AUFGELISTET. DIESE SETZT SICH AUS IHREN LAUFENDEN AUSGABEN UND IHREN SCHULDEN SOWIE IHREN SCHULDENVERPFLICHTUNGEN ZUSAMMEN.

Einnahmen überprüfen

Der halbe Weg ist geschafft! Die Seite der Ausgaben haben Sie nun systematisch geordnet und aufgelistet. Dies ist die eine Hälfte Ihrer persönlichen Bilanz.

Damit haben Sie nicht nur eine Grundlage, um mögliche weitere Schritte zu erkennen, sondern auch eine erste Analyse, die Sie in die weitere Diskussion mit der Familie oder dem Partner einbringen können. Alle Beteiligten müssen einbezogen werden und an dem Ziel – dem Schuldenabbau – mitarbeiten.

Das Wichtigste bei diesem nun folgenden Gespräch: Anhand von Zahlen und Fakten weitere Einsicht darüber zu erreichen, dass Veränderung notwendig ist. Tragen Sie allen Beteiligten die Fakten plausibel und verständlich vor. Führen Sie ihnen klar und transparent die aktuelle Situation vor Augen. Wenn Sie Zahlen und Fakten genau darlegen, hat niemand die Möglichkeit, sich in Entschuldigungen und Ausflüchte zu begeben.

> **E**ine Familie bzw. eine Lebensgemeinschaft ist ein Zusammenschluss von Menschen, die gemeinsam daran arbeiten müssen, ein Ziel zu erreichen. Nur so kann dies gelingen!

Wie in einer ordentlichen kaufmännischen Bilanz braucht es natürlich neben einer **Ausgabenseite** auch eine **Einnahmenseite**.

Die Ausgabenlisten haben Sie bereits erstellt. Mit dem Hilfsmittel „Einnahmenübersicht" können Sie einfach und übersichtlich Ihre Einnahmen auflisten. Bestehen in der Familie Einnahmen für mehrere Beteiligte, werden diese jeweils einzeln erfasst.

Hilfsmittel 7 „Einnahmenübersicht monatsweise"

Einnahmenübersicht - monatsweise

Name: _____

	Wer	Jan.	Feb.	März	April	Mai	Juni	Juli	Aug.	Sept.	Okt.	Nov.	
Lohn/Gehalt	Max Mustermann	1.400 €	1.400 €	1.400 €	1.400 €	1.400 €	1.400 €	1.400 €	1.400 €	1.400 €	1.400 €	1.400 €	
Lohn/Gehalt													0 €
Lohn/Gehalt													0 €
Arbeitslosengeld													0 €
Rüfingeld													0 €
Kindergeld													0 €
Zinsen/Dividenden													0 €
Geldgeschenke													0 €
Urlaubsgeld													0 €
Weihnachtsgeld													0 €
Prämien													0 €
Lohnsteuererstattung													0 €
Neuersteuererstattung													0 €
Sonstiges													0 €
											Jahressumme:		17.200 €

www.inops-solutions.de
INOPS Solutions | Version 1.0

INOPS Solutions

Dieses Hilfsmittel können Sie schnell und einfach über unseren Onlineshop www.inops-solutions.de kaufen und sofort herunterladen.

Einnahmen sind im Wesentlichen:

- Lohn/Gehalt (Arbeitnehmerentgeld) (monatlich netto)
- Weihnachtsgeld (monatlich netto)
- Urlaubsgeld (monatlich netto)
- Steuerrückerstattung
- Erziehungsgeld
- Kindergeld
- Wohngeld
- Unterhaltszahlungen
- Mieteinnahmen
- Renten (monatlich netto)
- Arbeitslosengeld
- Arbeitslosengeld II („Hartz IV")
- 450-Euro-Job
- Nebenverdienst (monatlich netto)
- Zins- oder Dividendeneinkünfte
- regelmäßige Leistungen aus Versicherungen (Krankengeld, ...)

Das Ergebnis dieses Aufwands: Sie haben nun eine komplette Übersicht über Ihre monatlichen Einnahmen sowie die Jahreseinnahme, mit denen Sie weiterarbeiten können.

Persönliche Bilanz erstellen

Mit der Einnahmenübersicht haben Sie Ihre persönliche Bilanz nun fast fertiggestellt. Außerdem erhalten Sie ein erstes umfassendes Bild Ihrer momentanen finanziellen Situation. Wenn Sie Schuldenabtrag, Ausgaben und Einnahmen gegenrechnen, wissen Sie:

- Es ergibt sich eine negative Bilanz,
  also ein Minus => sofortiger Handlungsbedarf

- Es ergibt sich eine positive Bilanz,
  also ein Plus => ggf. Handlungsbedarf

Hilfsmittel 8 „Persönliche Bilanz"

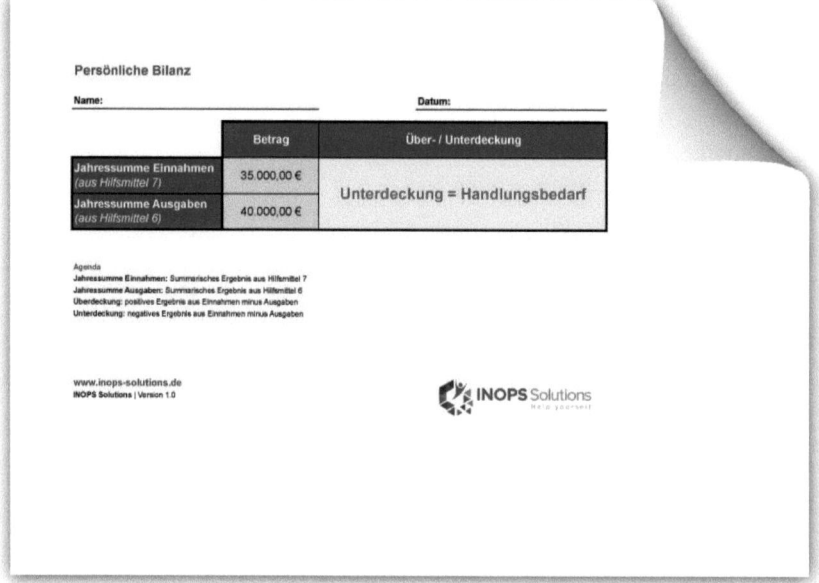

Dieses Hilfsmittel können Sie schnell und einfach über unseren Onlineshop www.inops-solutions.de kaufen und sofort herunterladen.

Vermögensübersicht erstellen

Zusätzlich kann es notwendig sein, Ihre Bilanz durch eine Vermögensaufstellung über Liegenschaften, Besitz, Guthaben usw. zu ergänzen.
Mit der Vermögensübersicht komplettieren Sie Ihre persönliche Bilanz.

Hilfsmittel 9 „Vermögensübersicht"

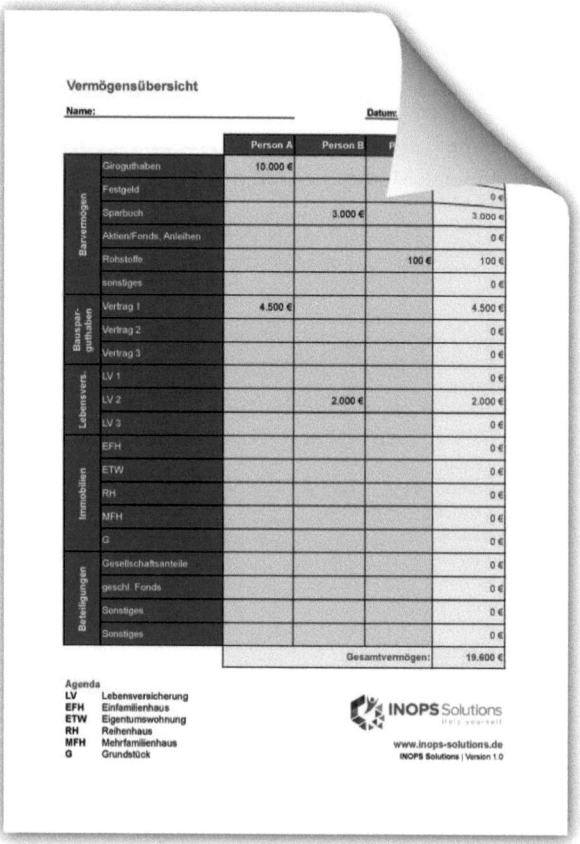

Dieses Hilfsmittel können Sie schnell und einfach über unseren Onlineshop
www.inops-solutions.de kaufen und sofort herunterladen.

Zu einer Vermögensübersicht gehören im Wesentlichen:

Sparguthaben
Festgeldguthaben
Tagesgeldguthaben
Wertpapiere
Immobilienvermögen
Lebensversicherungen (Rückkaufwert)

Bürgschaftsverpflichtungen

Haben Sie für jemanden oder hat jemand für Sie eine Bürgschaft übernommen? Auch dies muss erfasst werden. Dies hat Auswirkungen auf Ihre Kreditwürdigkeit und mögliche anstehende Diskussionen mit Ihrer Bank.

Hilfsmittel 10 „Bürgschaftsverpflichtungen"

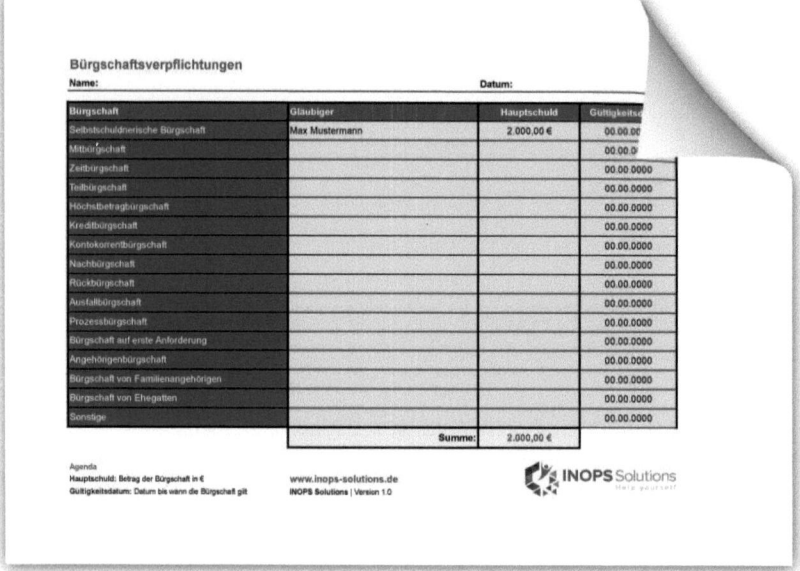

Dieses Hilfsmittel können Sie schnell und einfach über unseren Onlineshop www.inops-solutions.de kaufen und sofort herunterladen.

Die wesentlichen Fragen hierzu sind:

– Gegenüber wem sind Sie eine Bürgschaftsverpflichtung eingegangen?
– Wer hat eine Bürgschaftsverpflichtung für Sie übernommen?

- Aus welchem Grund wurden Verpflichtungen notwendig?
- Betrag der jeweiligen Verpflichtung

Existenzminimum – AKTUELL –berechnen

Die bisherigen Analysen haben Ihnen dabei geholfen, sich Ihre momentane finanzielle Situation bewusst zu machen. Dabei haben Sie erkannt, dass Sie etwas ändern müssen. Außerdem konnten Sie anhand der Fakten den Meinungsbildungsprozess in der Familie oder Partnerschaft anstoßen.

Als Nächstes ist es wichtig, dass Sie sich Gedanken über Ihre persönliche Kreditwürdigkeit machen.

Dafür verschaffen Sie sich einen Überblick darüber, was Sie zum Leben tatsächlich benötigen. Das ist das Existenzminimum.

Der Begriff „Existenzminimum" kann aus verschiedenen Richtungen betrachtet werden.

Grundsätzlich bezeichnet er den Grundbedarf eines Menschen für sein Überleben. Dazu zählen zum Beispiel Nahrung, Kleidung und eine Wohnung. Wie hoch der Wert dieses Minimums angesetzt werden kann, ist unterschiedlich und abhängig von gesellschaftlicher Stellung und Anspruch. Über das reine physische Existenzminimum hinaus besteht heute zudem der Anspruch, am gesellschaftlichen und wirtschaftlichen Leben teilnehmen zu können.

Zur Orientierung, wie hoch das Existenzminimum ist, kann der sogenannte Grundfreibetrag dienen. Dieser bezeichnet die Summe der Einnahmen (zum Beispiel aus Lohn oder Gehalt), für die keine Steuern anfallen. 2015 lag der Grundfreibetrag bei € 8.472 für Alleinstehende und bei € 16.944 für ein Ehepaar. Pro Kind kommen € 4.512 hinzu.

Hilfsmittel 11 „Planung des
Existenzminimums"

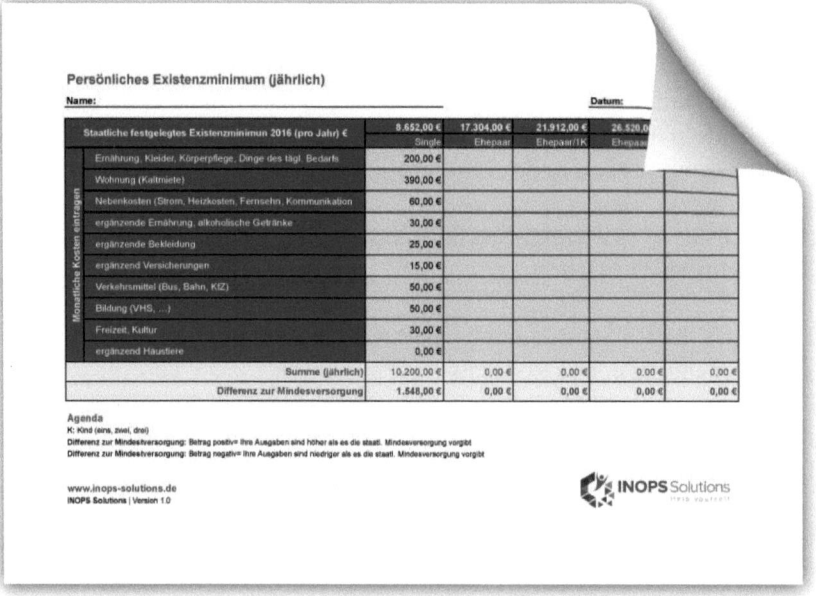

Dieses Hilfsmittel können Sie schnell und einfach über unseren Onlineshop www.inops-solutions.de kaufen und sofort herunterladen.

Jedoch hat jeder Mensch, jede Partnerschaft und Familie unterschiedliche Bedürfnisse. Wie hoch die Ausgaben dafür sind, erfassen Sie nun im folgenden Schritt.

Berechnen Sie Ihr persönliches Existenzminimum zunächst auf der Ausgabenseite. Denn hier können Sie am schnellsten Veränderungen vornehmen. Nehmen Sie Ihre Ausgabenübersicht (siehe Kapitel 3) zur Hand. Diskutieren Sie in der Familie, an welchen Stellen Einsparungen und Kürzungen möglich sind.
Kürzungen bedeuten aber, Dinge realistisch zu bewerten und zu hinterfragen, wie schnell diese umgesetzt werden können. Es macht an dieser Stelle keinen Sinn, unrealistische Dinge zu vereinbaren, oder Themen anzugehen, die nicht direkt umsetzbar sind. Konzentrieren Sie sich stattdessen auf Gewohnheiten, die schnell verändert werden können.
Auf Neudeutsch unterscheidet man zwischen

„MUST-HAVES" und „NICE-TO-HAVES", also notwendigen Ausgaben und solchen, die nicht unbedingt sein müssen.

Dies ist für Sie eine Basisdatenermittlung, die wir im Kapitel 4 weiterverfolgen.

Bilanz ziehen – was bleibt übrig?

Aus den erstellten Unterlagen lassen sich jetzt folgende Bilanzen ziehen:

BILANZ I :

+ Summe monatliche
  Ratenzahlungen
+ Ausgaben
– Einnahmen

Aktuelle Monatsbilanz

BILANZ II :

+ Summe monatliche
  Ratenzahlungen
+ Ausgaben
– Einnahmen
– Dringlichkeitsmaßnahmen

Verbesserte Monatsbilanz

BILANZ III :

+ Summe monatliche Ratenzahlungen
– Ausgaben
– Einnahmen
– Dringlichkeitsmaßnahmen
+ Existenzminimum

Bereits verbesserte Monatsbilanz

Hilfsmittel 12 „Persönliche komplette Bilanz"

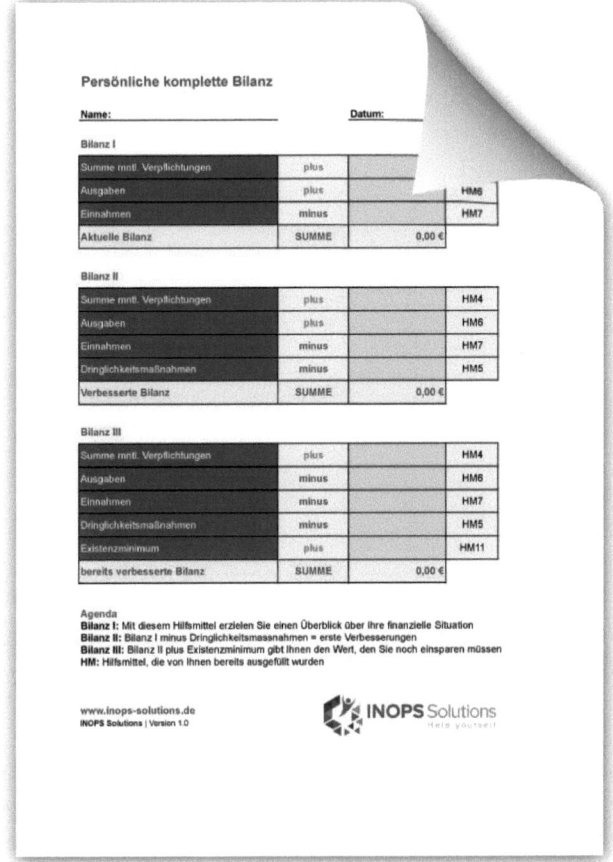

Dieses Hilfsmittel können Sie schnell und einfach über unseren Onlineshop www.inops-solutions.de kaufen und sofort herunterladen.

Wenn Sie die Analysen so erstellt und durchgeführt haben wie in Kapitel 3 vorgeschlagen, haben Sie jetzt alle möglichen und notwendigen Informationen, um im nächsten Kapitel weitere wichtige Schritte zu tun.

Selbstverständlich ist es jedem selbst überlassen, aus der Vielzahl von Angeboten und Hilfsmitteln diejenigen zu wählen, mit denen er am besten zurechtkommt und die ihm am geeignetsten erscheinen.

Das Wichtigste aber ist,

Sie haben etwas getan! Sie beschäftigen sich mit Ihrer Situation und teilen dies auch im Kreise Ihrer Familie bzw. in der Partnerschaft.

Alle erstellten Unterlagen benötigen Sie für Gespräche mit Ihrer Bank. Damit dokumentieren Sie nicht nur Klarheit und Überblick, sondern auch den Willen zur Veränderung.

Legen Sie sich eine Dokumentationsmappe mit den Hilfsmitteln an, die Sie nutzen. Aktualisieren Sie diese, sobald sich Veränderungen ergeben.

Auf diese Weise haben Sie für alle Eventualitäten immer eine aktuelle Darstellung Ihrer persönlichen Situation.

Von der Analysephase kommen wir in diesem Kapitel nun zur Veränderungsphase. Darin werden erste konkrete Maßnahmen vereinbart.

Diese gehen über Sofortmaßnahmen hinaus und sollen zu stabilen Veränderungen führen.

Sie vereinbaren die Maßnahmen und setzen sie um.

Kurzfristige Veränderungen festlegen und angehen

Haben wir die schnell erreichbaren Maßnahmen aus dem vorherigen Kapitel bereits umgesetzt, geht es jetzt darum, vertragsrelevante Veränderungen in Angriff zu nehmen.

Dafür müssen Sie Ihre gesamten Unterlagen, die Sie sich ja bereits erarbeitet haben, kennen und geordnet haben.

Von dieser Ordnung profitieren Sie jetzt.

Zunächst beschäftigen wir uns mit einer weiteren Optimierung Ihrer Ausgabenseite:

Hilfsmittel 13 „Veränderungsthemen"

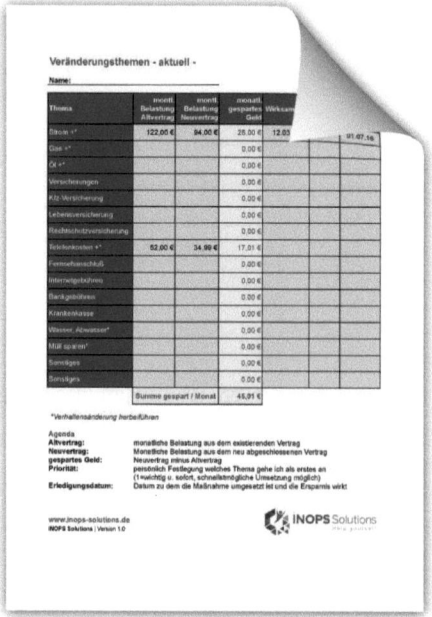

Dieses Hilfsmittel können Sie schnell und einfach über unseren Onlineshop www.inops-solutions.de kaufen und sofort herunterladen.

Schauen Sie Ihre Ordner durch, und listen Sie die Themen auf, die Sie mit einer Suche nach Alternativen schnell und einfach verändern können.
Ein typisches Beispiel hierzu ist die Suche nach einem neuen Strom- und ggf. Gaslieferanten, bei dem Sie wesentlich günstiger einkaufen können.
Durch einfache Recherche im Internet können Sie sich sofort ein Bilde über

günstigere Anbieter verschaffen. Dadurch erreichen Sie eine Kostenersparnis, die bereits in ein oder zwei Monaten wirkt.

WEITERE TYPISCHE BEISPIELE FÜR VERÄNDERUNGSTHEMEN:

- Versicherungen
- Telefongebühren
- Öleinkauf
- Internetvertrag
- Autoversicherung
- Einkaufsverhalten
- Bankenservice (Kontoführungsgebühren etc.)

Tipp 6

NICHT BEEINFLUSSBARE BEISPIELE:

- Gemeindegebühren (Wasser, Abwasser, Müll)
- Fernsehgebühren
- Steuern

Tipp 7

Erstellen Sie Ihre persönliche Liste von Themen, die Sie durch relativ einfache Recherche und Anträge ändern können.

Das Ziel: Geld zu Ihren Gunsten sparen.

VERFOLGEN SIE DIE MASSNAHMEN MIT:

- Datum des Veränderungsantrages
- Eingang der Änderungsbestätigung
- Datum der Wirksamkeit
- Gesparter Beitrag/Kosten

Tipp 8

48

Beschäftigen Sie sich auch mit Themen, die persönliche Verhaltensveränderungen mit sich bringen und ein enormes Maß an Selbstdisziplin erfordern.

Typische Beispiele dafür sind:

–   Stromsparen durch sorgsamen Umgang mit Licht: Treppenhausbeleuch-
    tung und Licht im Zimmer ausschalten, wenn niemand anwesend ist.

–   Heizungsthermostat nach unten drehen, wenn niemand in der nächsten
    Zeit im Zimmer sein wird. Mit Wasser sorgsam umgehen.

–   Gewohnheiten mit der Waschmaschine überprüfen. Die Waschmaschine
    und den Trockner erst starten, wenn die optimale Füllmenge erreicht ist.

Es gibt viele solcher Möglichkeiten, direkt Geld zu sparen.

Trauen Sie sich,
Gewohnheiten zu erkennen und zu verändern.

Haushaltsbuch

Unabdingbar, um Ihr Verhalten zu analysieren und notwendige weitere Sparmaßnahmen zu erkennen, ist ein Haushaltsbuch.

Das Haushaltsbuch zeigt Ihnen:

- wie Sie einkaufen
- was Sie einkaufen
- ob Sie sinnvoll einkaufen

Mit Haushaltsbüchern erhalten Sie die Kontrolle über Ihre kurzfristigen Ausgaben. Wenn Sie etwas Disziplin aufbringen, können Sie schnell Veränderungen herbeiführen und Geld sparen. Sie erhalten einen Überblick über den Themenkomplex „Haushaltsgeld", der neben den Ausgaben für Miete und Auto sicherlich der wichtigste ist. Es gibt verschiedene Möglichkeiten, ein Haushaltsbuch zu führen.

Dies ist im Wesentlichen davon abhängig, wie Sie dies für sich tun wollen: einfach oder komplexer und damit detaillierter.

Haushaltsbücher sind für Einsteiger, für komplexere Aufgaben und ambitionierte Aufgaben vorhanden und als Hilfsmittel verfügbar.

Die Entscheidung für die eine oder andere Variante hängt ganz von Ihnen ab. Hauptsache, Sie führen ein Haushaltsbuch und ermitteln damit Ihre persönliche Bilanz (Ein- und Ausgaben).

MIT DEM HAUSHALTSBUCH IN SEINER EINFACHEN FORM KONTROLLIEREN UND PROTOKOLLIEREN SIE FOLGENDE WESENTLICHEN TÄGLICHEN AUSGABEN:

- Haushalt (Ernährung, Körperpflege)
- Zigaretten, Alkohol
- Essen, Trinken (Gaststättenbesuche)
- Kleidung/Schuhe
- Öffentliche Verkehrsmittel
- Auto (Benzin, Wartung …)
- Ausgaben für Kinder
- Ausgaben für Haustiere
- Freizeit (Kino, Videos, Zeitungen …)

Wenn Sie das Haushaltsbuch über einen längeren Zeitraum führen, erhalten Sie Klarheit über Ihre Gewohnheiten.

Außerdem können Sie damit die „Must-Haves" und die nicht unbedingt notwendigen „Nice-to-Haves" herausfinden und im nächsten Schritt bei diesen Posten Geld einsparen. Verschiedene Beispiele zum Thema Haushaltsbuch finden Sie unter den angebotenen Hilfsmitteln:

Hilfsmittel 14 „Haushaltsbücher"

Haushaltsbuch für Einsteiger
Tägliche Dokumentation meiner Ausgaben

Name: _____   Datum: _____

Tag	Nahrung Einkäufe	Nahrung Einkäufe	Kinder Einkäufe	Transport Einkäufe	Sachwerte Einkäufe	Auto Benzin/Rep.	Sonstiges	Sonstiges	Sonstig	Summen
1	20,00 €									20,00 €
2						50,00 €				50,00 €
3										0,00 €
4										0,00 €
5										0,00 €
6										0,00 €
7										0,00 €
8										0,00 €
9										0,00 €
10										0,00 €
11										0,00 €
12										0,00 €
13										0,00 €
14										0,00 €
15										0,00 €
16										0,00 €
17										0,00 €
18										0,00 €

Dieses Hilfsmittel können Sie schnell und einfach über unseren Onlineshop www.inops-solutions.de kaufen und sofort herunterladen.

Haushaltsbuch für komplexe Aufgaben

Name: _____   Datum:

Detailplan

Einnahmen monatlich		Feste Ausgaben mo...			
Lohn/Gehalt	1.600,00 €	Miete	600,00 €	Unte...	
Nebenverdienst		Strom	60,00 €	Mot...	
ALG II		Gas/Öl		Bus/Bahn	60,00 €
Arbeitslosengeld		Rundfunkgeb.	12,00 €	Kfz-Steuer	
Krankengeld		Kontogeb.	5,00 €	Kfz-Vers	
Sozialhilfe		Tel./Handy	30,00 €	Rep./Service	
Rente		Kinderbetreuung	10,00 €	Benzin	
Kindergeld	150,00 €	Taschengeld	45,00 €	Abos	10,00 €
Erziehungsgeld		sonstiges		Bausparer	
Wohngeld		Versicherungen	100,00 €	Kredit-Rate	50,00 €
Unterhalt 1		Hausrat	20,00 €	Rücklagen	45,00 €
Unterhalt 2		Privathaftpflicht		Sonstiges	50,00 €
selbst. Tätigkeit		Unfall		Sonstiges	
Sonstiges		Lebensvers.	30,00 €	Sonstiges	
Rest aus let. Monat		Summe Ausgaben		1.117,00 €	
Summe Einnahmen	1.750,00 €				

		Barausgaben zusätzlich monatlich	
		Zigaretten	25,00 €
Einnahmen	1.750,00 €	Gaststättenbesuch	50,00 €
Feste Ausgaben	1.292,00 €	Sonstiges	100,00 €
Realer Puffer	458,00 €	Summe Barausgaben	175,00 €

montlicher realer Puffer	458,00 €
Barreserven pro Tag	5,85 €
Barreserven pro Woche	39,52 €

Agenda:
Barreserven pro Woche:
    positiv, wenn Einnahmen größer als Ausgaben
    negativ, wenn Ausgaben größer als Einnahmen
Barausgaben pro Tag: Optimierungsmöglichkeiten
Barreserven pro Woche: Optimierungsmöglichkeiten
Realer Puffer - das bleibt Ihnen tatsächlich im Monat übrig

www.inops-solutions.de
INOPS Solutions | Version 1.0

INOPS Solutions
Help yourself

Dieses Hilfsmittel können Sie schnell und einfach über unseren Onlineshop www.inops-solutions.de kaufen und sofort herunterladen.

WAS TUN!?

Haushaltsbuch für ambitionierte Aufgaben - monatlich

Name: Datum:

Einnahmen	eigene Einnahmen	Einnahmen des Par
Lohn/Gehalt	1.000,00 €	1.50(
Urlaub-/Weihnachtsgeld		
Prämien	500,00 €	
Rente		
Krankengeld		50,00 €
Unterhalt		
Unterhaltsvorschuss		
Kindergeld		
Erziehungsgeld	1.000,00 €	
Arbeitslosengeld I		
Arbeitslosengeld II		
Sozialgeld		
sonstige Einnahmen		
sonstige Einnahmen		1.000,00 €
sonstige Einnahmen		

	monatliches Zahlenwerk	Jährliches Zahlenwerk
Gesamteinnahmen	5.050,00 €	60.600,00 €
Gesamtausgaben	900,00 €	10.800,00 €
Über-/Unterdeckung	4.150,00 €	49.800,00 €
frei verfügbar	4.150,00 €	49.800,00 €
Ausgaben für Schulden	250,00 €	3.000,00 €

Agenda

Ambitionierte Darstellung	mehr Daten und damit ein genaueres Ergebnis
Überdeckung	Einnahmen sind höher als die Ausgaben (positives Ergebnis)
Unterdeckung	Einnahmen sind kleiner als die Ausgaben (negatives Ergebnis)
Jährliches Zahlenwerk	Hochrechnung von monatlich auf jährlich

www.inops-solutions.de

INOPS Solutions | Version 1.0

INOPS Solutions

Dieses Hilfsmittel können Sie schnell und einfach über unseren Onlineshop
www.inops-solutions.de kaufen und sofort herunterladen.

Versicherungsanalyse

Ein weiterer wichtiger Faktor bei Ihren kontinuierlichen Ausgaben sind Versicherungen.

Versicherungen sind auf der einen Seite ein unbedingtes MUSS, um in der einen oder anderen Lebenslage notwendigen Schutz zu haben. Auf der anderen Seite sind sie aber auch teuer. So können Sie das Thema Versicherungen kritisch hinterfragen:

1. Bin ich kostengünstig versichert ?
2. Benötige ich tatsächlich all die Versicherungen, die ich abgeschlossen habe?

Ein Versicherungswechsel lohnt sich, wenn Sie für die gleichen Leistungen einen günstigeren Versicherer finden.

Dafür können Sie verschiedene Internet-Portale zurate ziehen, die Versicherungsanbieter und -angebote vergleichen.

Stellen Sie sich außerdem die Frage, ob Sie tatsächlich all die Versicherungen brauchen oder ob Sie auf die eine oder andere verzichten können.

Dies ist in der Regel ein Abwägen von Risiken im Verhältnis zum eingesetzten Geld.

Bestimmte Versicherungen brauchen Sie selbstverständlich, etwa die Auto-, Haftpflicht und Gebäudeversicherung. Aber benötigen Sie zum Beispiel tatsächlich eine Versicherung für Rechtsschutz, Berufsunfähigkeit oder Unfall?

Wägen Sie ab, welchem Risiko Sie beruflich und die Familie betreffend ausgesetzt sind und welche Beiträge Sie zahlen müssen, um ein vergleichsweise geringes Risiko zu versichern.

 Hilfsmittel 15 „Versicherungsanalyse"

Versicherungsanalyse

Name: _____ Datu___

Versicherungsart	Pflicht	Freiwillig	persönliche Entscheidung	Bedarf	
Gesetzliche Krankenversicherung	✓		X	Pflichtvers. Für jedermann, der nicht privat versichert ist	★★★★★
Gesetzliche Pflegeversicherung	✓		X	Pflichtvers. Für jedermann, der nicht privat versichert ist	★★★★★
Private Krankenversicherung	✓	✓		Angestellte mit einem Einkommen oberhalb der Bemessungsgrenze, auch Selbstständige, Beamte Überlegenswert wegen Leistungsverbesserung	★★★★★
Private Pflegeversicherung	✓			Pflichtversicherung für gesetzl.u. private Krankenversicherte	★★★★★
Auslandsreisekrankenversicherung		✓	X	Empfehlenswert für Vielreisende (gesetzl. u. privat Versicherte) Schließt Kostenlücke zwischen entstandenen Kosten u. gesetzl. u. privaten Leistungen	★★★★★
Ambulante Zusatzversicherung		✓		Zusatzleistungspaket für Heilpraktiker, Zahnbehandlung, Hilfsmittel (Brille, Kontaktlinsen, Rollstühle, uvm)	★★★
Stationäre Zusatzversicherung		✓		Für Versicherte der gesetzl. Versicherung mit dem Wunsch nach Chefarztbehandlung u. 1-/2-Bettzimmern	★★★★
Zahn-Zusatzversicherung		✓		Für Versicherte der gesetzl. Versicherung mit dem Wunsch nach höherwertiger Versorgung	★★★★
Pflege-Zusatzversicherung		✓		Für Kassenpatienten und Privatversicherte, um Lücken in der Pflegeversicherung zu schließen	★★★★★
Krankentagegeldversicherung		✓		wichtig für gesetzl. Versicherte Selbständige u. Angestellte mit höherem Einkommen oberhalb der Beitragsbemessungsgrenze	★★★★
Krankenhaustagegeldversicherung		✓		unötig, siehe Krankentagegeld	★
Berufsunfähigkeitsversicherung		✓		Absicherung der Arbeitskraft Empfehlenswert für jedermann besonders für privat Versicherte	★★★★★

Dieses Hilfsmittel können Sie schnell und einfach über unseren Onlineshop www.inops-solutions.de kaufen und sofort herunterladen.

Einkaufsanalyse

Auch beim Thema Einkaufen sollten Sie analysieren und bewusst handeln. Es macht zum Beispiel keinen Sinn, Lebensmittel oder Hygienemittel über den direkten und tagesnotwendigen Ersatz hinaus zu lagern. Dies ist nur unnötig, sondern auch noch teuer.

Der Einkauf beginnt nicht im Supermarkt. Zum Einkaufen gehört auch, sich darauf vorzubereiten. Halten Sie schriftlich fest: Was müssen Sie einkaufen? Was ist also notwendig?

Täglich sehen und erhalten wir Werbung, etwa zu Lebens- und Haushaltsmitteln, aber auch zu sinnvollen und ggf. notwendigen Neukäufen.

So verführerisch die Slogans und Prospekte auch sein mögen, machen Sie sich eines bewusst: Nicht alles, was billig ist, muss auch gut sein; und nicht alles, was teuer ist, muss erstrebenswert sein.

Deshalb: Bleiben Sie skeptisch und diszipliniert. Oft verleiten besonders günstige Angebote dazu, ein bestimmtes Geschäft zu besuchen. Dort warten dann andere Kaufgelegenheiten darauf, auch noch schnell mitgenommen zu werden, obwohl sie teuer sind und Sie diese vielleicht überhaupt nicht benötigen. Deshalb: Finger weg von Dingen, bei denen Sie versucht sind, sie im Vorbeilaufen mal so eben mitzunehmen. Werbeprospekte können den Einkauf erleichtern, wenn Sie sich einen Überblick erarbeiten, wo was zurzeit am günstigsten zu erhalten ist.

Wenn Ihre „Prospektanalyse" ergeben hat, dass das eine oder andere in unterschiedlichen Geschäften zurzeit unterschiedliche Preise hat, kann es notwendig sein, dass Sie in mehreren Geschäften einkaufen.

Hilfsmittel 16 „Einkaufsliste"

Einkaufsliste für täglichen Einkauf
INOPS Solutions | Version 1.0

Obst / Gemüse	Stück	Einheit	Angebots-preis	Wo zu kaufen?		
Orangen	1	Netz	1,99 €	Netto		
Apfel	1	Kiste 5 kg	4,49 €			
Bananen	5	Stück	0,59 €			
Salat	3	Stück	0,79 €			
Tomaten	1	Schale	0,99 €			
Summe:		**12,79 €**				

Fleisch- & Milchprodukte	Stück	Einheit	Angebots-preis	Wo zu kaufen?	Gültig ab	Gültig bis
Frischmilch						
Käse						
Eier						
Butter						
Joghurt						
Aufschnitt						
Geflügel						
Rindfleisch						
Schweinefleisch						
Summe:		**0,00 €**				

Dieses Hilfsmittel können Sie schnell und einfach über unseren Onlineshop
www.inops-solutions.de kaufen und sofort herunterladen.

Energieberatung und – analyse

Ein weiterer Kostenblock ist die Energieversorgung im Haushalt benötigen, also Strom, Gas oder Öl.

Hier empfiehlt sich nicht nur ein möglicher Anbieterwechsel, sondern auch ein kritischer Blick auf den eigenen Verbrauch und die eigenen Gewohnheiten.

Wir haben bereits darüber gesprochen, dass es heute denkbar einfach ist, einen Anbieterwechsel mit wenigen Klicks auf entsprechenden Internetportalen zu veranlassen. Der notwendigen Schriftverkehr zwischen dem alten und dem neuen Anbieter wird dabei immer vom neuen Anbieter übernommen. Sie haben also beim Anbieterwechsel keinen großen Aufwand. Jedoch profitieren Sie sofort von günstigeren Tarifen und niedrigeren Grundgebühren – eine sehr elegante und einfache Art, direkt Geld zu sparen.

Günstigere Verträge abzuschließen ist ein schneller Weg zum Sparen. Die eigenen Gewohnheiten zu verändern ist da schon schwieriger. Trotzdem sollten Sie sich klar machen, wo und wie Sie Strom unnötig verbrauchen, etwa wenn das Licht brennt, obwohl niemand im Zimmer oder Treppenhaus ist, die Waschmaschine nur halbvoll oder der Fernseher im Stand-by-Betrieb läuft.
Es lässt sich Strom in erheblichem Umfang sparen. Eine Person verbraucht im Jahr etwa 600 bis 700 Kilowatt-Stunden Strom. Setzen Sie sich zum Ziel, Ihren Verbrauch durch Verhaltensänderungen um 10% zu verringern. Sie können mit einem Kilowattstundenzähler den Stromverbrauch Ihrer Geräte messen und dadurch Gewohnheiten verändern.

Ein dritter Aspekt ist der Stromverbrauch von elektrischen Geräten. Dieser ist im Wesentlichen bestimmt durch die Energieeffizienzklasse.

Bei alten Geräten ist diese in der Regel schlechter als bei Neugeräten. Wenn Sie ein Neugerät kaufen, verringert sich der Stromverbrauch.

Wichtig ist, dass sich mit solchen „Kleinigkeiten" schnell ein paar hundert Euro sparen lassen. Sie müssen es nur wollen und tun.

Energie lässt sich sparen, wenn Sie die eigenen Gewohnheiten hinterfragen

und

mit der Analyse durch einen Energieberater. Von ihm erfahren Sie, ob Ihre Geräte energieoptimiert arbeiten oder ob es besser wäre, sie zu ersetzen bzw. wie Sie Ihren Umgang damit ändern sollten.

Tipp 9

Schuldenanalyse

Sie haben bereits in Kapitel 3 unter „Aktuellen Schuldenstand überprüfen" einen Überblick über Ihre Schulden erstellt, also diese erfasst und gewichtet.

Schulden ziehen kurzfristige, mittelfristige und langfristige Verpflichtungen nach sich, mit unterschiedlichen Zinssätzen und Vertragsklauseln.

Hier bietet es sich zunächst einmal an, die kurz- und mittelfristigen Verbindlichkeiten zu prüfen, ob Ablösekredite und Umschuldungen zu niedrigeren Zinsen und/oder Änderungen der Laufzeiten möglich sind.

Bei den gegenwärtig niedrigen Soll-Zinsen sollte es nicht schwer sein, mit der Bank, den Gläubigern oder anderen Kreditgebern über eine Änderung der Schuldenbedingungen zu reden. Werden Sie aktiv, und suchen Sie das Gespräch.

Für diese Gespräche benötigen Sie die von Ihnen erstellten Dokumente Ihrer persönlichen Situation. Damit haben Sie eine gute Basis, um Vertrauen zu gewinnen und zu einer Einigung zu kommen, wie die Entschuldung aussehen kann.

Kreditgebern sind diese Gespräche immer willkommen, verhindern diese doch den möglichen Totalausfall einer Rückzahlung.

Hilfsmittel 17 „Kreditverpflichtungen verändern – Ablaufplan"

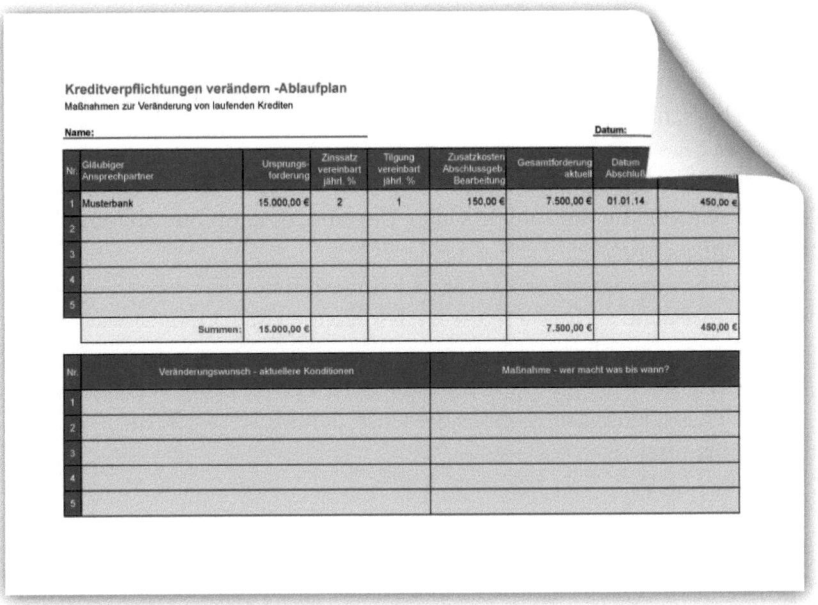

Dieses Hilfsmittel können Sie schnell und einfach über unseren Onlineshop www.inops-solutions.de kaufen und sofort herunterladen.

Seien Sie also offen für solche Gespräche, und suchen Sie auch hier den Dialog.

Als kurzfristig umsetzbares Beispiel bei Darlehensverträgen ist das Folgende möglich:

Wie bereits erwähnt, befinden wir uns momentan in einer Phase der sehr niedrigen Zinsen. Sollten Sie Verträge haben, die Sie zu deutlich höheren Zinsen abgeschlossen haben, ist zu prüfen, ob Sie aus diesen Verträgen aussteigen oder eine Umschuldung eingehen können. Normalerweise ist dies nur möglich, wenn Sie an die Bank eine entsprechende Entschädigung/Vorfälligkeitsentschädigung zahlen. Unter Umständen kann dies aber günstiger für Sie sein.

Prüfen Sie deshalb all Ihre Kredite nach folgenden Schritten:

1. Bitten Sie Ihre Bank um eine detaillierte Abrechnung der Vorfälligkeitsentschädigung. Nutzen Sie dafür den Musterbrief laut Hilfsmittel 18.

Hilfsmittel 18 „Musterbrief
Vorfälligkeitsentschädigung"

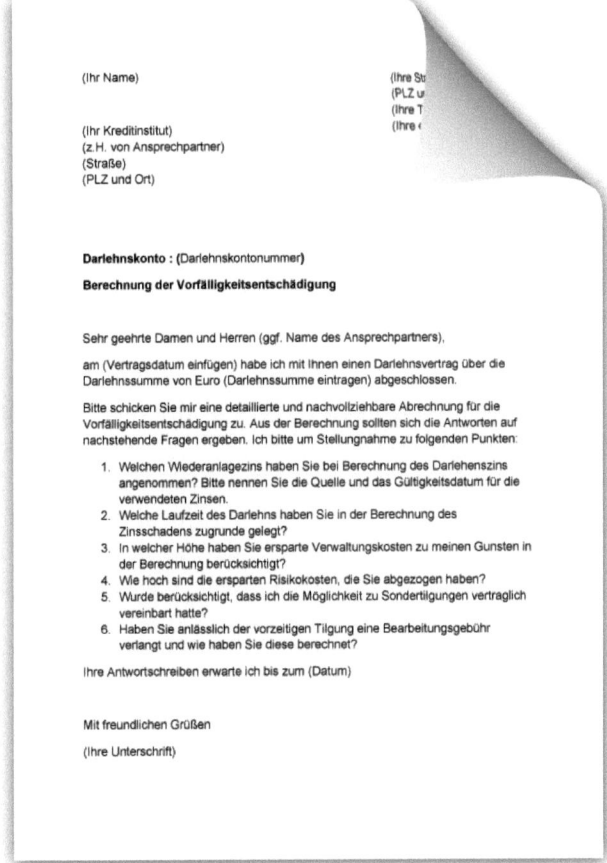

Dieses Hilfsmittel können Sie schnell und einfach über unseren Onlineshop
www.inops-solutions.de kaufen und sofort herunterladen.

2. Überprüfen Sie die Abrechnung, ob sie vollständig und richtig ist. Hier bieten zum Beispiel die Verbraucherzentralen oder andere Experten ihre Hilfe an.

3. Hat das Expertengutachten eine niedrigere Vorfälligkeitsentschädigung ergeben, schreiben Sie Ihrer Bank und legen Sie das Gutachten bei. Fordern Sie die Bank auf, die Entschädigung zu senken.

4. Reagiert die Bank nicht so, wie Sie dies angemahnt haben, sollten Sie einen Anwalt einschalten (als letzte Möglichkeit) oder besser das persönliche Gespräch suchen. Wenn Sie eine Rechtsschutzversicherung haben, klären Sie unbedingt vorher, ob diese die Kosten übernimmt.

Dies ist ein relativ einfacher und schneller Weg, um Schulden schnell, effektiv und damit direkt spürbar zu senken.

In Ihrer kurzfristigen Bilanz können Sie Woche für Woche Veränderungen erkennen und sich darüber freuen, dass Sie mit Eigeninitiative, Engagement und Willen viel bewegt haben und weiter bewegen werden.

Wenn der eine oder andere Punkt der Veränderung sich nicht so darstellt, wie Sie es geplant haben, ergreifen Sie alle notwendigen Maßnahmen und steuern Sie sofort dagegen.

Dies ist Ihr Erfolg, auf den Sie stolz sein können.

Ernten Sie die Früchte dieses Erfolgs, und nehmen Sie ihn zum Anlass, mit Ihrem Partner oder Ihrer Familie einmal essen zu gehen oder ihnen ein kleines Geschenk zu machen.
Es liegen einige Wochen harter Arbeit hinter Ihnen. Würdigen Sie dies, und

richten Sie auch ein Dankeschön an jeden, der Ihnen bei der Entschuldung hilft.

Sie haben es geschafft, Ihre Situation aus eigener Kraft zu verbessern. Sie bestimmen mit Disziplin und Selbstvertrauen weiter Ihre eigene Zukunft.

Ist dies nicht ein schöner Erfolg?
Genießen Sie Ihn.

Mittelfristige Veränderungen festlegen und angehen

Sie haben in der letzten Zeit gut gearbeitet und die ersten kurzfristigen Maßnahmen schnell und zügig umgesetzt. Sie haben sich mit den vorgestellten Systematiken und Hilfsmitteln vertraut gemacht und diese angewendet.

Vielleicht haben Sie dabei gemerkt, dass Ihnen diese Hilfsmittel noch nützlicher sind, wenn Sie sie an der einen oder anderen Stelle an Ihre persönliche Situation anpassen, also ändern oder ergänzen.

Dies ist beabsichtigt, zeigt Ihre Initiative doch, dass Sie sich weitere Gedanken machen und sich mit Ihrer Situation eingehend beschäftigen.

Rückblickend ist es Ihnen gelungen, Ihre persönliche Situation besser zu verstehen. Sie haben nun Ordnung in Ihren Unterlagen. Dank Ihrer akribischen Arbeit sind Sie sich Ihrer Situation bewusst geworden und haben sich einen Überblick verschafft.

Sie haben die notwendigen Schlüsse gezogen und so schnell wie möglich Änderungen vorgenommen.

Ihre persönliche Bilanz sieht nun schon positiver aus. Möglicherweise haben Sie sich bereits Spielräume für weitere Überlegungen erarbeitet.
Entschuldung heißt aber auch, alle Änderungen nachhaltig umzusetzen und dafür zu sorgen, dass sich alte Gewohnheiten nicht wieder einschleichen. Damit würde das, was Sie mühsam erarbeitet haben, in Frage gestellt.

Aus diesem Grund beschäftigen wir uns im Folgenden mit mittelfristigen Veränderungen. Diese eröffnen Ihnen weitere Möglichkeiten, Ihre finanzielle Situation zu verbessern.
Bei den mittelfristigen Veränderungen geht es darum, weiter in die Zukunft zu schauen. Sie erarbeiten sich neue Themen, die zu weiteren Veränderungen und Verbesserungen führen werden.

Diese neuen Themengebiete sind :

- Mietsituation/Eigenheimsituation
- Beruf
- Lebensstil
- Kinder
- Auto
- Urlaub
- Kreditvolumen

WAS TUN!?

Mietsituation

Wohnraum wird zunehmend knapper und damit immer teurer, wenn auch sicherlich regional unterschiedlich. Aber das grundlegende Gesetz, dass Verknappung den Preis erhöht, ist auch auf dem Immobilienmarkt gültig und wird durch die günstigen Zinsen noch stark befeuert.

Es ist abzusehen, dass die Mieten steigen werden. Eigene Recherchen haben ergeben, dass es sich durchaus rechnen kann, ein adäquates Eigenheim, also eine Eigentumswohnung oder ein Reihenhaus, anzuschaffen. Gleichzeitig gibt es momentan sehr, sehr günstige Kreditkonditionen.

Bereits bei einer Kaltmiete zwischen € 10 und € 12 pro Quadratmeter kann sich ein Eigenheim lohnen.

Machen Sie sich also Gedanken über diese Möglichkeit. Fragen Sie sich, ob Sie sich ein Eigenheim perspektivisch leisten können, es also auch abzahlen können. Außerdem müssen Sie gegenüber der finanzierenden Bank eine feste Anstellung mit sicherem Arbeitsplatz vorweisen.

Wenn Sie ein momentan oder auch regional teures Objekt in der Größenordnung zwischen € 10 bis € 12 (Kaltmiete) mieten, ergeben sich zwei Möglichkeiten:

A.   Sie suchen sich ein günstigeres Mietobjekt (Miete < € 10).

B.   Sie suchen ein geeignetes Objekt und eine Finanzierung, die etwa Ihrer momentanen Miete (€ 12 für Zinsen und Tilgung) pro Quadratmeter entspricht.

Der Standort hat direkten Einfluss auf die Wertbeständigkeit und Attraktivität einer Immobilie. Achten Sie darauf, dass Sie sich beim Standort nicht dahingehend verschlechtern, dass Sie höhere Fahrkosten oder sogar einen Zweitwagen brauchen. Das wäre eine zusätzliche Belastung, die sich ggf. für Sie nicht rechnet.

Außerdem sollten Sie überlegen, wie Sie perspektivisch die Ausbildung für Ihre Kinder planen und welche Schul- und Freizeitmöglichkeiten sie an dem Standort des Hauses haben. Auch dies kann auf die Dauer ein finanzieller, aber auch zeitlicher Faktor sein, der mit berechnet werden muss.

Hilfsmittel 19 „Kreditzins- und Tilgungsrechner"

Kreditrechner - Belastung pro Jahr		
Aufzunehmendes Kapital	10.000,00	€
Zins pro Jahr	2	%
Gebühren	100	€
Laufzeit in Monaten	36	
Jahresrate ZINS	200,00	€
Jahresannuität	1	%
Annuität pro Jahr	100,00	€
Gesamtbelastung pro Jahr	333,33	€

Kreditrechner - Belastung pro Monat		
Aufzunehmendes Kapital	10.000,00	
Zins pro Jahr	2	
Gebühren	100	
Laufzeit in Monaten	36	
Monatsrate ZINS	16,67	€
Jahresannuität	1	%
Annuität pro Monat	8,33	€
Gesamtbelastung pro Monat	27,78	€

☐ auszufüllende Felder
☐ Ergebnisfelder

Datum: _____

Berechnung für: _____

Agenda
Aufzunehmendes Kapital: Eingabe des gewünschten Kreditbetrages
Zins pro Jahr: Zinssatz pro Jahr in %
Gebühren: Betrag der anfallenden Gebühren
Monatsrate Zins: Errechnete monatl./jährliche Belastung
Jahresannuität: Tilgungsraten in %
Annuität pro Monat/Jahr: Errechneter Tilgungsbetrag in €

www.inops-solutions.de
INOPS Solutions | Version 1.0

INOPS Solutions
help yourself

WAS TUN!?

Dieses Hilfsmittel können Sie schnell und einfach über unseren Onlineshop www.inops-solutions.de kaufen und sofort herunterladen.

Für diese Überlegungen ist es immer ratsam, sich mit den Experten einer Bank zu unterhalten.

Sie sind in der guten Situation, dass Sie alle notwendigen Unterlagen jederzeit griffbereit haben, die für die Beurteilung Ihrer Kreditwürdigkeit entscheidend sind. Außerdem können Sie damit besser diskutieren und Rede und Antwort stehen.

Zinsbindungen bei einem Hypothekendarlehen können in der Regel mit einer Laufzeit von 10 oder 15 Jahren abgeschlossen werden. Die niedrigen Zinsen sind also für diesen Zeitraum sicher.
Aus dieser langen Laufzeit leitet sich ein hohes Maß an Planungssicherheit ab.

Hinzu kommt die momentan moderate Preisentwicklung – niedrige Energiekosten, relativ stabile Verbraucherkosten – bei stark steigenden Mietkosten. Gleichzeitig steigen Löhne und Gehälter.

Trotz dieser derzeit günstigen Bedingungen muss ein Immobilienkauf natürlich immer wohlüberlegt und Ihrer persönlichen Situation angemessen sein. Dazu gehört auch, dass ein Kauf zu Ihren Maßnahmen zur Schuldenminimierung passen muss. Er kann eine perspektivisch sinnvolle Ergänzung zu diesen Maßnahmen sein.

WAS TUN!?

Beruf

Durch Ihren Beruf und/oder den Ihres Lebenspartners bestimmen Sie im Wesentlichen Ihre Einnahmenseite. Deshalb ist es existentiell wichtig, dass Sie ein gesichertes und perspektivisch gutes Beschäftigungsverhältnis haben.

- Aus meiner Erfahrung sind dafür gewisse Grundeigenschaften erstrebenswert:
- Sie haben eine gute und qualifizierte Ausbildung, in einer Branche mit Zukunft.
- Sie sind persönlich engagiert, wollen sich in Ihrem Beruf beweisen und weiterentwickeln.
- Sie wissen, dass lebenslanges Lernen unerlässlich ist.
- Sie haben ein gutes Verhältnis zu Ihrem Vorgesetzten und signalisieren ihm, dass er sich auf Sie verlassen kann.
- Sie sind im Kollegenkreis geschätzt und hilfsbereit.
- Sie sind verlässlich, ehrgeizig und willig.

Tipp 10

Gute Fachkräfte, die sich Herausforderungen stellen wollen, werden gesucht.

Herausforderungen heißt für Sie berufliche Weiterentwicklung und damit steigendes Einkommen.

Herausforderung kann aber auch heißen, Marktchancen zu nutzen für eine berufliche Veränderung außerhalb der eigenen Firma.

Beides führt zu ein- und derselben Weiterentwicklung, nämlich zu einem höheren Monatseinkommen und damit zu einer weiteren Stabilisierung Ihrer Bemühungen zum Schuldenabbau.

Scheuen Sie nie den offenen Kontakt zu Ihrem Vorgesetzten. Planen Sie Ihre eigene Zukunft. Nehmen Sie dies als Grundlage für Gespräche mit Ihrem Vorgesetzten.

 Hilfsmittel 20 „Berufsplanung und -entwicklung"

Berufsplanung und -Entwicklungsmöglichkeiten

Name: _____   Datum: _____

Bearbeitungsfelder	Was will ich?	Kommentar
Eigene Berufsplanung		
Welcher Beruf ist für mich am besten geeignet?		
Mit welchem Arbeitgeber erreiche ich dies?		
Meine fachlichen und persönlichen Fähigkeiten		
Ist ein Arbeitgeber/Arbeitsplatzwechsel sinnvoll		
Meine beruflichen Ziele		
Position		
Branche		
Gehalt/Lohn		
Wohnort/Ort der Arbeitsstelle		
Arbeitsplatzsicherheit		
gutes Betriebsklima		
Weiterbildunungschancen		
Karrieremöglichkeiten		
meine persönlichen Ziele		

Seite 1 von 4

Dieses Hilfsmittel können Sie schnell und einfach über unseren Onlineshop www.inops-solutions.de kaufen und sofort herunterladen.

Ob als Facharbeiter, Techniker oder Ingenieur, Angestellter oder Fachkraft in sozialen Berufen: Sie benötigen immer einen Mentor, der überzeugt ist von Ihren Fähigkeiten und der gewillt ist, diese zu fördern. Außerdem fordert er Sie mit neuen Aufgaben.

Sollten Sie in Ihrer jetzigen Firma nicht zu einem guten Ergebnis gelangen, könnten Sie woanders bessere Grundvoraussetzungen zur Umsetzung Ihrer Pläne zu finden.

Nie war die Zeit für einen Firmenwechsel günstiger als heute, denn Fachkräfte werden in allen Berufsgruppen dringend gesucht.

Die heutige Gesellschaft wird zunehmend mobiler. Nutzen Sie diese Mobilität , um Ihre Gesamtsituation zu verbessern.

Dieses Potential bezieht sich nicht nur auf ein möglicherweise besseres Gehalt. Sie erhalten zudem eine wertvollere Perspektive, die in Ihrer persönlichen Entwicklung liegt.

Vielleicht müssen Sie dafür umziehen, an einen Ort mit günstigeren Lebenshaltungskosten. Damit können Sie noch mehr Geld sparen.
Es ist schon ein Unterschied, ob Sie zum Beispiel in München ansässig sind oder eine vergleichbare Anstellung in der Fränkischen Schweiz haben.

Lebensstil

Sie sollten nicht nur Ihre Wohnsituation, sondern auch Ihren gesamten Lebensstil unter die Lupe nehmen.

Es ist noch nie eine besonders gute Idee gewesen, einen Lebensstil zu pflegen, der eigentlich nicht bezahlbar ist.

Weniger ist oft mehr, und erfreuen kann man sich auch an kleinen Dingen. Selbstverständlich wachsen Ansprüche mit dem Alter und mit steigendem Gehalt. Dies ist eine gesunde Entwicklung.

Arbeit und Fleiß müssen belohnt werden, aber alles zu seiner Zeit und zu den Möglichkeiten, die man sich selbst erarbeitet hat.

Bescheidenheit kann eine Zierde sein!

Tipp 11

Leben Sie dies auch in Ihrer Familie/Partnerschaft vor, und vermitteln Sie dies Ihren Kindern.

Wir haben an anderer Stelle bereits darüber gesprochen, wie wichtig es ist, ein positives Vorbild zu sein. Denn dies wirkt prägend auf die Erziehung und damit langfristig auch auf Ihre Kinder.

Leben Sie Werte vor!

Tipp 12

Wenn Kinder den richtigen Umgang mit Geld vorgelebt bekommen, fällt es ihnen später leichter, diesen Umgang auch in ihrem eigenen Leben zu pflegen und ihre Existenz zu sichern.

Kinder

Neben der vielen Freude, die Kinder Ihren Eltern machen, sind Kinder auch ein Kostenfaktor, der nicht zu unterschätzen ist.

Es ist das Ziel eines jeden Elternpaares, die Kinder bestmöglich zu unterstützen und alles Notwendige für eine gute Erziehung und Ausbildung zu unternehmen.

All dies kostet Geld, das in einem vernünftigen Maß bereitgestellt werden muss.

Leben Sie Ihren Kindern vor, einen Lebensstil mitzutragen, der von Ihnen geprägt wird und nicht von Personen außerhalb Ihrer Familie.

Leben Sie vor, dass das Tragen von Kleidung einer bestimmten Marke nicht darüber entscheidet, ob man „in" ist, oder ob man an einem bestimmten Lebensgefühl (nicht) teilhaben kann.

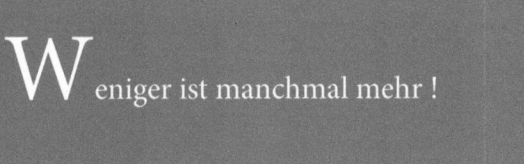

Tipp 13

Fördern Sie die individuelle Entwicklung eines jeden Kindes zu einer Persönlichkeit, und begleiten Sie dies durch geeignete Maßnahmen, die Ihrer persönlichen Situation angemessen sind.

Wenn Sie einen Kinderwunsch haben und planen, die Familie zu vergrößern, zieht dies entscheidende Veränderungen in Ihren Gewohnheiten und Ausgabenstrukturen nach sich.

Ihre persönliche finanzielle Bilanz verändert sich.

Auch hierzu kann eine Finanzplanung hilfreich sein, die die Ausgaben für ein (weiteres) Kind beinhaltet.

 Hilfsmittel 21 „Kostenplanung Kind"

 Hilfsmittel 22 „Taschengeld"

Kostenplanung Kind

Name _____ Datum: _____

Einmalige Kosten

Kostengruppen	Ausgabendatum getätigt	Budget / einmalig	Ausgabe	
Grundausstattung	00.00.0000	500,00 €		250,00 €
Möbel	00.00.0000			
Kleidung	00.00.0000			
Unterwegs	00.00.0000			
Sicherheit	00.00.0000			
Ernährung	00.00.0000			
Hygiene	00.00.0000			
Haushaltswaren	00.00.0000			
Sonstiges	00.00.0000			
Summe:		500,00 €	250,00 €	250,00 €

Laufende Kosten

Kostengruppen	Ausgabendatum getätigt	Budget / einmalig	Ausgabenbetrag	offener Betrag
Haushaltswaren	00.00.0000	35,00 €	35,00 €	0,00 €
Ernährung	00.00.0000			
Kleidung	00.00.0000			
Hygiene	00.00.0000			
höhere Energiekosten	00.00.0000			
Versicherungen	00.00.0000			
Sonstiges	00.00.0000			
Summe:		35,00 €	35,00 €	0,00 €

Agenda
höhere Energiekosten: höhere Energiekosten für Strom, Öl/Gas fallen an, wenn sich die Anzahl der Familienmitglieder ändert
Versicherungen: gegebenenfalls sind Zusatzversicherungen abzuschließen

www.inops-solutions.de
INOPS Solutions | Version 1.0

INOPS Solutions

Dieses Hilfsmittel können Sie schnell und einfach über unseren Onlineshop
www.inops-solutions.de kaufen und sofort herunterladen.

Taschengeld

Name: ______________________ Dat

Monatsausgaben Protokoll

Tag	Essen/ Trinken	Handy	Zeitungen/ Bücher	Ausgehen/ Freizeit	Kleidung		
1	5,00 €			10,00 €			
2							
3							3,00 €
4							
5			2,50 €				
6							
7							
8				10,00 €			
9							
10							
11							
12							
13							
14							
15						70,00 €	
16							
17							
18			2,50 €				
19							
20							10,00 €
21							
22							
23				15,00 €			
24							
25							
26							7,00 €
27			3,00 €				
28							
29							15,00 €
30							
31							
Summe	5,00 €	0,00 €	8,00 €	35,00 €	0,00 €	70,00 €	35,00 €
						Gesamtsumme	153,00 €

www.inops-solutions.de
INOPS Solutions | Version 1.0

Dieses Hilfsmittel können Sie schnell und einfach über unseren Onlineshop www.inops-solutions.de kaufen und sofort herunterladen.

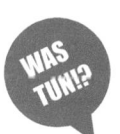

uto(s)

Des Deutschen liebstes Kind ist das Auto!

Dies ist ein wenig provokant formuliert, aber enthält doch einen gewissen Wahrheitsgrad. Ein Auto wird oft als Statussymbol angesehen, nicht nur als reines Fortbewegungsmittel.

Das Thema Auto kann ein wesentlicher Kostenfaktor sein, besonders wenn Sie Schulden abbauen wollen.

Ein Auto muss sein:

- passend zum Einkommen
- passend zum Lebensstil
- passend zum Einkaufswert (ein Auto verliert in den ersten drei Jahren ca. 50% an Wert)
- passend zum Unterhalt (Treibstoffkosten, Wartungskosten)
- bar bezahlt, finanziert oder geleast

Wenn Sie also überlegen, sich ein (neues) Auto anzuschaffen, sollten Sie bedenken, dass dies Ihrer finanziellen Situation angepasst sein muss.

Dies soll nicht heißen – insbesondere bezüglich der Diskussion von mittelfristigen Maßnahmen zur Schuldenminimierung –, dass sich eine Investition

in einen Neuwagen oder Gebrauchtwagen nicht rentiert. Im Gegenteil kann dies sinnvoll sein.

Haben Sie bereits ein Auto und sind die Reparatur- oder Unterhaltskosten dafür zu hoch, kann sich eine kostengünstigere Lösung wie ein neueres Auto lohnen.

Beziehen Sie eine solche Überlegung in Ihre Bilanz mit ein und verarbeiten Sie die daraus entstehenden monatlichen Veränderungen Ihrer Ausgabenseite entsprechend.
Spielen Sie auch mögliche Alternativen durch, die Ihnen verschieden Optionen eröffnen und Flexibilität geben. Aber bitte nur in einem Rahmen, der für Sie finanzierbar ist.

Urlaub

Zur richtigen Zeit ist es notwendig, auch über Urlaub nachzudenken. Denn alle Familienmitglieder müssen sich Entspannung gönnen, um zu regenerieren und neue Kraft zu schöpfen.

Hier gilt natürlich ebenso das Vorgesagte: alles zu seiner Zeit und mit den finanziellen Mitteln, die Sie zur Verfügung haben.

Sprechen Sie in einer ruhigen Atmosphäre mit der Familie über Ihre Möglichkeiten. Alle Familienmitglieder sollen sagen können, was sie für Vorstellungen haben und was aus ihrer Sicht sinnvoll ist. Gemeinsam können Sie überlegen, ob etwa ein Urlaub in Deutschland oder dem benachbarten Ausland in Ihrer Situation effektiver, sinnvoller und auch finanzierbarer ist als die Fernreise.

Das Thema der urlaubsnotwendigen Nebenkosten ist ein zusätzlicher Kostenfaktor, den Sie nicht unterschätzen sollten.

Seien Sie also vorsichtig bei der Auswahl Ihres Urlaubsziels und wägen Sie ab.
Vergessen Sie nicht diese Ausgaben einzuplanen und in Ihre Bilanz aufzunehmen.

Kreditvolumen

Eine Zeit intensiver Arbeit liegt nun hinter Ihnen. Sie haben Ihre Schulden und Verbindlichkeiten analysiert und schnelle Lösungen umgesetzt. Nun sind die Themen anzugehen, die Sie auf längere Sicht entlasten können.

Abschließend beschäftigen wir uns in diesem Kapitel nochmal mit dem sicherlich schwierigen Thema der vereinbarten Kredite, deren Konditionen und Laufzeiten. Die mittelfristigen Maßnahmen betreffen die Kredite, die in der Regel längere Laufzeiten haben – also etwa Kredite für Immobilien und andere Sachwerte.

Dank der Analyse kennen Sie bereits die Kreditgeber und diverse Konditionen wie Laufzeiten und Kreditnebenkosten.

Holen Sie sich nun für die längerfristigen Kredite bei einem anderen Geldinstitut eine zweite Meinung neben der Ihrer Hausbank ein und vergleichen Sie.
Gehen Sie mit Ihren Unterlagen zu Ihrer Bank. Versuchen Sie, Kredite zu vereinheitlichen, zusammenzufassen oder umzuschulden, um von den zurzeit günstigen Zinskonditionen profitieren zu können.

Dies kann bedeuten, ausdauernd zu sein, damit Sie den jeweiligen Bank-Mitarbeiter von Ihren Anstrengungen zur Entschuldung überzeugen können und bessere Konditionen erhalten.

Seien Sie wenn nötig penetrant, denn Spielräume ergeben sich immer, auch wenn die ersten Aussagen vielleicht keinen Anlass zur Euphorie geben. Greifen Sie bitte nicht zu angebotenen Lösungen aus dem Internet. Dort laufen Sie Gefahr, an unseriöse Anbieter zu gelangen.

Der persönliche Kontakt und Ratschlag eines Fachmanns ist zielführender.

Bauen Sie ein vertrauensvolles Verhältnis zu Ihrer Hausbank und dem jeweiligen Mitarbeiter auf, und pflegen Sie dieses Verhältnis.

Tipp 14

Verfolgen Sie die vereinbarten Neuerungen/Änderungen in Ihren Analysen, Ordnern und Bilanzen. Machen Sie sich die Veränderungen bewusst, die Ihnen im Weiteren Spielraum für andere Aktivitäten eröffnen.

Überprüfung der mittelfristigen Maßnahmen

Zu all dem Vorgesagten gehört, dass Sie sich eine Maßnahmenliste erstellen, mit der Sie verfolgen können:

- Welche Themen sind Sie angegangen?
- Mit wem haben Sie wann gesprochen?
- Was wurde vereinbart?
- Was sparen Sie zukünftig?
- Wann tritt die Änderung in Kraft?

Hilfsmittel 23 „Maßnahmenliste der vereinbarten Veränderungen"

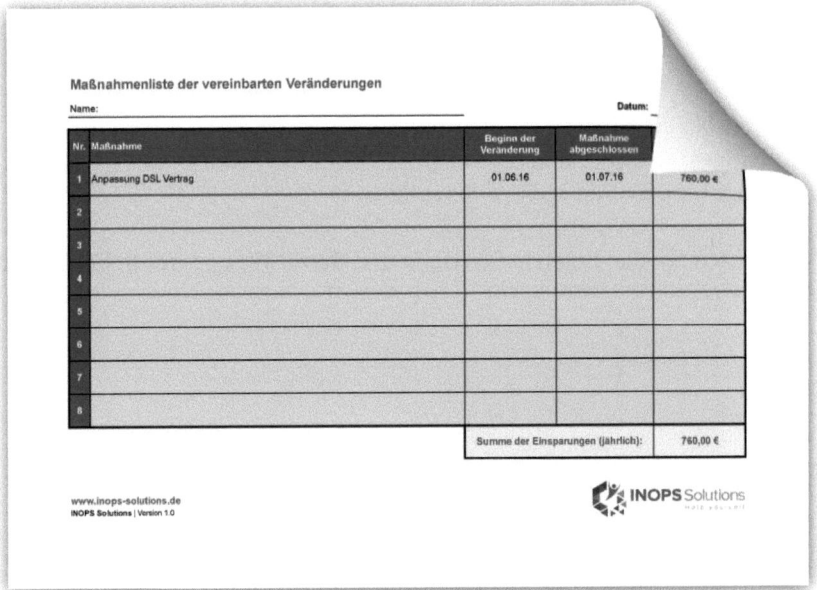

Dieses Hilfsmittel können Sie schnell und einfach über unseren Onlineshop www.inops-solutions.de kaufen und sofort herunterladen.

Langfristige Veränderungen festlegen und angehen

Wenn Sie bei diesem Kapitel angelangt sind, das sich mit der Planung von langfristigen Veränderungen beschäftigt, haben Sie bereits sehr viel erreicht und umgesetzt. Darauf können Sie stolz sein!

Nun sollten Sie das Erreichte festigen und damit Ihre persönliche Zukunft absichern.

Zusatzrentenversicherungen

Die Kinder werden größer, Sie haben persönliche Ziele erreicht. Vielleicht haben Sie jetzt zusätzliche Möglichkeiten, aus Ihren umgesetzten Sparmaßnahmen etwas in Ihre persönliche Zukunft zu investieren. Dies kann jetzt also der richtige Zeitpunkt sein, sich erste Gedanken über den eigenen Ruhestand zu machen und notwendige Entscheidungen zu treffen.

Sie können davon ausgehen, dass einerseits die Qualität der Renten in Bezug auf Ihren Lebensstandard immer schlechter wird, andererseits die Kosten mit zunehmendem Alter immer weiter steigen werden. Es tut sich eine Schere auf.

Die Rente der Deutschen Rentenversicherung wird **NICHT** mehr ausreichen. Die Steigerungen der Rente sind unterproportional zu den immer weiter steigenden Kosten. Deshalb ist es für jeden empfehlenswert, so früh wie möglich eine zusätzliche Rentenversicherung abzuschließen. Dazu werden verschiedenste Modelle angeboten. Sie sind entweder vom Staat gefördert oder von der Firma, in der Sie angestellt sind.

Es ist ratsam, sich frühestmöglich zur Unterstützung einen Fachmann hinzuzuziehen, entweder von Ihrer Bank oder von einer Versicherung.
Dieser Fachmann kann mit Rat und Tat zur Seite stehen und die verschiedensten Modelle anbieten, zugeschnitten auf persönliche Bedürfnisse und Gegebenheiten.

Hierzu ist ein großes Maß an Vertrauen notwendig, das Sie sich sicherlich im Rahmen des Schuldenabbaus bereits zu bestimmten Personen aufgebaut haben.

Holen Sie sich regelmäßig Auskünfte über Ihren Rentenanspruch bei der Deutschen Rentenversicherung ein, und klären Sie damit folgende Punkte:

1. Ist die Beitragshistorie lückenlos? (Rentenversicherungsverlauf)
2. Sind Schul- und Ausbildungszeiten hinterlegt?
3. Sind Berufsausfallzeiten hinterlegt?
4. Datum Ihres Rentenbezugstermins (Regelaltersrente)
5. Datum Ihres frühestmöglichen Rentenbezuges (mit Abschlägen)
6. Fallen Sie unter die Regelung der langjährig Versicherten?
7. Ist ggf. eine Schwerbehinderung hinterlegt?
8. Haben Sie schon einmal eine Rentenberatung in Anspruch genommen und mit einem Fachmann all diese Punkte persönlich diskutiert?

Beachten Sie: Die einmal gewährte Rente ist NICHT netto. Denn die Rente muss versteuert und der Solidaritätszuschlag („Soli") muss bezahlt werden. Außerdem fallen Sozialabgaben für Krankenkasse und Pflegeversicherung an.

Bei der Rente ist brutto nicht gleich netto!

Tipp 15

Sie sehen: Dieses Thema ist entscheidend für Ihre Planungen und darf nicht vernachlässigt werden.

Hilfsmittel 24 „Rentenplanung"

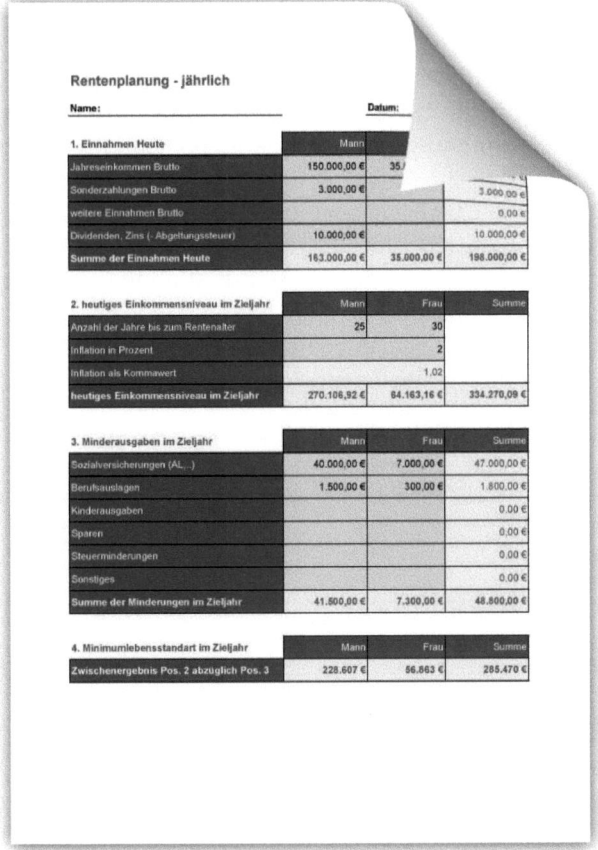

Dieses Hilfsmittel können Sie schnell und einfach über unseren Onlineshop www.inops-solutions.de kaufen und sofort herunterladen.

Berufszusatzqualifikationen

In den vorherigen Kapiteln wurde wiederholt darauf hingewiesen, dass Ihre Ausgabenseite immer in Relation zu Ihrer Einkommensseite stehen muss. Nur so können Sie eine ausgeglichene Bilanz erhalten.

Ziel für die nächsten Überlegungen muss es nun sein, diese Bilanz dahingehend zu verändern, dass Sie einen dauerhaften Überschuss erwirtschaften, um Spielraum für weitere wichtige, zukunftsbestimmende Themen zu haben.

Mehr Einkommen zu erzielen, erreichen Sie im Wesentlichen durch eine kontinuierliche berufliche Weiterentwicklung, verbunden mit einer Qualifikationserweiterung.

> Die Formel
>
> Je anspruchsvoller meine berufliche Qualifikation, desto höher ist die daraus resultierende Entlohnung
>
> gilt nach wie vor.

Gerade in Zeiten von Fachkräftemangel, der sich in den nächsten Jahren durch die demographische Entwicklung weiter verstärkt, ist es wichtig, sich ständig und immer weiter zu qualifizieren und durch Aus- und Weiterbildung die erreichte Position zu festigen.

Lernbereitschaft muss während des gesamten Berufslebens eine konstante Größe Ihres Denkens und Handelns sein.

Tarifvereinbarungen geben den Spielraum für Weiterbildung; Firmenangebote ergänzen sinnvoll die notwendige Fortbildung für bestimmte Qualifikationen.

Das Volkshochschulangebot ist vielfältig, privat organisierte Möglichkeiten bis hin zu Sprach- und Bildungsreisen ergänzen dieses Spektrum.

Die Welt wird globaler, das Berufsleben wird internationaler. Firmenstrukturen verändern sich durch Kauf und Verkauf.

Aus diesem Grund ist es für Sie wichtig, eine Fremdsprache erlernt zu haben oder dass Sie eine Fremdsprache erlernen.

Begegnen Sie der immer weiter fortschreitenden Globalisierung mit der Kenntnis einer Fremdsprache.

Tipp16

Lernen Sie Englisch oder Französisch oder gar Spanisch in Ihrem Betrieb oder einer VHS in Ihrer Heimatstadt. Mit Eigeninitiative können Sie in Ihrer Freizeit durch Lernprogramme sehr schnell Fortschritte erzielen.

Durch solche Zusatzqualifikationen, hier der Sprache, aber auch im technischen, kaufmännischen, sozialen oder jedem anderen Berufsfeld, erwerben Sie Möglichkeiten zur Gehaltssteigerung. Beziehen Sie Ihren Vorgesetzten in solche Überlegungen mit ein. Nutzen Sie das jährliche Mitarbeitergespräch dafür. Damit zeigen Sie ihm, dass Sie sich weiterentwickeln wollen und dafür die Initiative übernehmen.

Sie können mit ihm auch Qualifikationserweiterungen für die Firma und das eigene Berufsbild besprechen sowie Gehaltsentwicklungen und Ihre berufliche Stabilität.

G estalten Sie aktiv Ihr Berufsleben und überzeugen Sie Ihren Vorgesetzten von Ihren Fähigkeiten und Ihrem Willen zur Weiterentwicklung.

Tipp 17

S parvorschläge/Rücklagen

Wenn Sie beruflich einen sicheren Stand haben und Sie die anderen Tipps dieses Ratgebers beherzigt haben, ist Ihre Einkommens- und Ausgabenseite stabil. Außerdem haben Sie erste absichernde Maßnahmen für eine private Altersversorgung abgeschlossen, womit dieser Posten auch gesichert ist. Nun können Sie beginnen, sich kontinuierlich Überschüsse zu erarbeiten.

Vor Jahren hätte man Ihnen wohl geraten, Ihr überschüssiges Geld auf einem Sparbuch anzulegen.

Leider sind diese Zeiten bis auf Weiteres vorbei. Auf dem Sparbuch gibt es keinen Zinsertrag mehr, hinzu kommt, dass die Inflation sogar den Wert der finanziellen Einlagen kontinuierlich auffrisst. Deshalb der Tipp:

V erschaffen Sie sich mit der Bank Ihres Vertrauens einen Überblick über alternative und attraktive Geldanlagemöglichkeiten.

Tipp 18

Vertrauen Sie auf den Rat von Fachleuten Ihrer Hausbank oder Profis, die Ihnen qualifizierten und ehrlichen Rat geben können.

Nicht für jeden ist eine Geldanlage in Aktien, ETFs (Exchange-traded Fund) oder Fonds sinnvoll. Diese Angebote werden an der Börse gehandelt und unterliegen den dort üblichen Schwankungen, etwa durch besondere politische oder wirtschaftliche Situationen. Sie sind also – besonders verglichen mit dem guten alten Sparbuch – keine wirklich sichere Geldanlage, und es besteht die Möglichkeit, investiertes Geld zu verlieren.

Doch es gibt Angebote mit niedrigerem Risiko – etwa Ansparpläne mit monatlichen festen Beiträgen. Sie bieten gute Entwicklungsmöglichkeiten für die Zukunft.

Zudem kann es lohnend sein, in einzelne wertstabile Aktien zu investieren, die eine jährliche Dividendenrendite von 3–5% bringen.

Trotzdem ist immer zu beachten: Legen Sie nur Geld auf diese Weise an, das Sie für Ihren täglichen Bedarf und zur Absicherung Ihrer Verpflichtungen nicht benötigen.

Nehmen Sie keinen Kredit auf, und wählen Sie keinerlei spekulative Anlageform.

Beachten Sie die alte Weisheit: „Rein und raus macht Kassen leer."

Sie hat nach wie vor Bestand. Sie bedeutet, dass Sie eine solche Anlage mittel- bis langfristig sehen sollten. Es kann sein, dass Sie wirtschaftliche oder politische Höhen und Tiefen „aussitzen" müssen.

Langfristig gesehen bringt die Investition in Börsenpapiere Ihnen einen Gewinn – wenn Sie nach Ihren Möglichkeiten und möglichst klug handeln.

Diese Art der Geldanlage ist hierzulande relativ unpopulär, der durchschnittliche Deutsche zahlt sein Geld immer noch lieber aufs Sparbuch ein. Aber die Zeit der nach wie vor niedrigen Zinsen, sowohl auf der Kredit- als auch auf der Habenseite, erfordert ein Umdenken. Dies würde im Übrigen auch der wirtschaftlichen Gesamtsituation gut tun.

Fangen Sie an mit kleinen Beträgen, die Sie erübrigen können, und bauen Sie sich ein wertbeständiges Vermögen auf.

Tipp 19

Vorbeugung gegen Verschuldung

Abschließend seien Ihnen die besten Wünsche gegeben: Bleiben Sie gesund, erfolgreich in Ihrem Beruf, und erhalten Sie sich eine gut funktionierende Familie/Partnerschaft.

Damit meistern Sie Ihr Leben auch in Zukunft.

Viele Firmen bieten Gesundheitsprogramme an, an denen Sie freiwillig teilnehmen können, etwa Abendkurse zu Bewegung, Ausdauer und Fitness oder Programme zur Stabilisierung Ihrer Gesundheit, die unter dem Oberbegriff „Herz und Kreislauf" stehen.

Diese Aktivitäten sollen Sie darin unterstützen, sich mich sich und Ihrer Gesundheit auseinanderzusetzen sowie Ihre täglichen Gewohnheiten beeinflussen.

Herzkreislaufbeschwerden in Verbindung mit hohem Blutdruck, Übergewicht, erhöhtem Cholesterin- und Harnsäurespiegel sind die häufigsten krankhaften Veränderungen.

Gehen Sie regelmäßig zum Arzt, und lassen Sie sich untersuchen, etwa mit Blutdruckmessen, Blutbild und regelmäßiger Gewichtskontrolle. Damit können Sie, wenn nötig, frühzeitig gegensteuern.

Vorbeugend gilt der beste Rat:

BEWEGEN SIE SICH !!

Treiben Sie Sport, walken Sie, schwimmen Sie, benutzen Sie ein Ergometer zu Hause – und das wenigstens dreimal wöchentlich.

Rückblick auf das Erreichte

In diesem Buch sind im Grunde ganz einfache Vorgehensweisen vorgestellt worden, wie Sie Ihre Schulden in den Griff bekommen können. Diese Tipps sind nicht unbedingt in Lehrbüchern nachzulesen, sondern das Leben hat sie mich gelehrt. Ihnen wurde geraten, mit verschiedenen Themen umsichtig umzugehen. Sie haben erfahren, dass auch in dieser schwierigen Situation immer Hoffnung auf Besserung besteht.

Wenn Sie sich eingehend mit diesem kleinen Buch beschäftigt haben, konnten Sie für sich und Ihre Familie/Partnerschaft sicherlich wichtige Veränderungen einleiten, umsetzten und erfolgreich abschließen.

Um Rückschau zu halten, nehmen Sie sich die folgende Zusammenfassung zum Weg des Schuldenabbaus nochmal vor:

1. Schaffen Sie sich Bewusstheit.
2. Entwickeln Sie einen Willen zur Veränderung.
3. Analysieren Sie systematisch die Themen.
4. Erarbeiten Sie Wege und Strukturen, um die Themen zu ändern.
5. Setzen Sie die vereinbarten Maßnahmen um, und bleiben Sie dabei beharrlich.
6. Nehmen Sie sich nicht zu viel auf einmal vor.
7. Beginnen Sie mit den einfachen Themen, die schnell umsetzbar sind und zu schnellen Erfolgen führen (kurzfristige Maßnahmen).
8. Gehen Sie danach systematisch die Themen an, die längerer Entscheidunge bedürfen (mittelfristige Maßnahmen).
9. Arbeiten Sie danach an grundsätzlichen Themen, die die Veränderungen sicherstellen (langfristige Maßnahmen).
10. Geben Sie nie auf, und verlieren Sie niemals den Mut!

Nun können Sie zu jedem dieser 10 Punkte Ihr persönliches Resümee ziehen. Fragen Sie sich zum Beispiel: „Was habe ich gut gemacht? Was hätte ich anders oder besser machen können?"

Diese Lernschleife wird Ihnen helfen, sich bei anstehenden Entscheidungen sicherer zu fühlen und entsprechend zielgerichtet bestimmte Situationen im Leben anzugehen. Wenn Sie wollen, können Sie dies auch als „kleines Rezept" für viele Veränderungen verwenden, nicht nur für den Schuldenabbau. Das Anliegen dieses Buches ist es, Hilfestellung zu geben – sowohl einer einzelnen Person als auch einer Lebensgemeinschaft oder Familie.

Sicherlich ist auch klar geworden, dass es bei mehreren Personen nicht unbedingt einfach ist, den Weg zum Schuldenabbau zu bestreiten. Denn es sind unterschiedlichste Bedürfnisse, Empfindungen und Persönlichkeiten „unter einen Hut" zu bringen. Für denjenigen, der diesen Weg steuern musste, soll dieses Buch Unterstützung und Überzeugungshilfe gewesen sein.

Es ist abschließend sicherlich gut, wenn Sie zusammen Rückschau halten auf die einzelnen Schritte, die erreichten Erfolge, die Nichterfolge und ggf. die Ersatzlösungen. Teilen Sie die Erfahrungen miteinander, die Sie gemacht haben. Machen Sie sich auch klar, welche Erfolge Sie gemeinsam (oder allein) erzielt haben!

Falls Sie nicht erfolgreich waren, sollten Sie nun klar herausarbeiten, woran dies lag. Fragen Sie sich:

- **Was hat nicht funktioniert?**
- **Was war der Grund dafür?**
- **Was soll besser gemacht werden?**

Sagen Sie sich außerdem:

- **Wir geben nicht auf!**
- **Alle ziehen mit!**

Geben Sie nicht auf! Arbeiten Sie daran, Ihr Leben in den Griff zu bekommen und zu einem lebenswerten Miteinander zu verändern – wenn es sein muss, immer und immer wieder! Sie werden sehen: Es lohnt sich!

Der Problemlösungsansatz

INOPS-Solutions beschreibt Hilfestellungen zur Lösung von Problemen verschiedenster Art. Dieser Ansatz, Probleme zu lösen, ist durch konsequentes und systematisches Handeln für jedermann selbst umsetzbar.

„Hilfen zur Selbsthilfe" beschreibt die entwickelte Grundphilosophie eines Weges zur Lösung eines Problems.

Unter Problemlösen versteht man die Überführung eines IST-Zustandes gegen Widerstände, in einen neuen SOLL-Zustand. Dieser Weg wird unterstützt durch intelligentes Handeln und durch gewollte und bewusst gewählte Denk- und Lösungsprozesse.

„Problemlösen ist das, was man tut, wenn man nicht weiß, was man tun soll"

Am Beginn steht immer ein Problem, was einen unbefriedigenden IST-Zustand beschreibt. Über einen intelligenten Lösungsweg wird dann ein neuer und gewünschter SOLL-Zustand erreicht.

Der INOPS-Solutions-Lösungsweg beinhaltet 6 Schritte:

1. Analyse des IST-Zustandes durch Aufarbeiten einer schonungslosen Transparenz
2. Suche nach gezielten Lösungswegen auf Basis der gewonnenen Transparenz
3. Lösungswege führen zu definierten Maßnahmen, um den gewünschten SOLL-Zustand zu erreichen
4. Treffen einer bewussten und gewollten persönlichen Entscheidung zur konsequenten Maßnahmenumsetzung
5. Vereinbarte Maßnahmen kontrolliert und konsequent umsetzen
6. Gewünschten SOLL-Zustand durch Erfolge der Maßnahmenumsetzung erreichen

Der INOPS-Solutions-Lösungsweg setzt dabei immer Mut zur eigenen Selbsthilfe voraus. Wobei Selbsthilfe Willen, Selbstmotivation und Zielstrebigkeit bedeutet.

INOPS-Solutions kann dabei Unterstützung leisten, durch Beschreibungen verschiedenster Problemlösungsmöglichkeiten.

Ein Angebot an erprobten Hilfs- und Arbeitsmitteln zur Schaffung von Transparenz, zur Definition von Maßnahmen und Kontrolle der Erfolge, ergänzen die Unterstützungsleistung.

Nachwort

Ziel dieses Buches war es, Sie auf dem Weg des Schuldenabbaus zu begleiten und diesen zum Erfolg zu führen. Sollten Sie Verbesserungen, Veränderungen oder Ergänzungen wünschen, können Sie diese gern auf meiner Website

www.inops-solutions.de

vorschlagen.

Über alle Anregungen würde ich mich sehr freuen.

Weitergehende Informationen zu diesen Themen finden Sie ebenso auf unserer Homepage wie alle Hilfsmittel, die im Buch beschrieben sind. Diese Arbeits- oder Hilfsmittel sind dort zum Kauf angeboten, und Sie können sofort damit arbeiten.

usblick

Dieses Buch richtet sich an alle Menschen, die eine **Verschuldung**ssituation zu lösen haben.
Zwei weitere Bücher für Menschen, die **überschuldet** sind, werden noch erscheinen. Darüber hinaus ist ein drittes Buch für Menschen, die zahlungs-unfähig sind und Hilfe benötigen, in Planung.

In der Reihe „WAS TUN!?" werden bald weitere Ratgeber zu ähn-lichen Sachthemen veröffentlicht. Diese Bücher folgen immer dem Anspruch Ihnen Anleitungen, verbunden mit nützlichen Unterlagen/Hilfsmitteln anzubieten.

Weitere Informationen und Angebote sind im Online-Shop

www.inops-solutions.de

verfügbar und abrufbar.

Anhang

Liste der Hilfsmittel

S tichwortregister

WAS
TUN!?

Hausbank
Haushaltsbuch
Haushaltsgeld
Hausnebenkosten
Herausforderungen
Hilfe zur Selbsthilfe
Hilfsmittel
Hypothekendarlehen
Immobilienvermögen
Jahresausgaben
Jahreseinnahme
Klarheit
Kontoauszüge
Kostenblock
Kostenersparnis
Kostenplanung Kind
Krankenversicherungen
Kreditgeber
Kreditkonditionen
Kreditnebenkosten
Kreditwürdigkeit
Kreditzinsrechner
kurzfristige Maßnahmen
langfristige Maßnahmen
Lebensgemeinschaft
Lebenslage
Lebensstil
Lebensversicherungen
Lösungen
Mahnung
Maßnahmenvereinbarungen
Mehrwert
Meinungsbildung
mittelfristige Maßnahmen
monatliche Ausgaben
Nein-Sagen
Offenheit
Ordnung
persönliche Bilanz
persönliche Situation

persönliche Zukunft
persönlicher Ehrgeiz
persönlicher Verzicht
persönliches Tun
Planungssicherheit
positiver Lebensumgang
Potenzial
Probleme
Quartalsausgaben
Ratenzahlungen
Ratgeber
Reden
Reduzierung
Rentenversicherungen
Schuldenabtrag
Schuldenanalyse
Schuldenbedingungen
Schuldenminimierung
Schuldenstand
Schuldenverpflichtungen
Selbstdisziplin
Selbsterkenntnis
Sofortmaßnahmen
soziales Umfeld
Sparguthaben
Spielregeln
Statussymbol
Strom
Systematik
Tagesgeldguthaben
Taschengeld
Tilgung
Tilgungsrechner
Umgang mit Geld
Unterhaltsverpflichtungen
Urlaub
Ursprungsforderung
Veränderung
Veränderungsbereitschaft
Veränderungsphase

Veränderungsprozess
Veränderungswille
Verbesserung
Verbesserungspotenzial
vereinbarte Kredite
Verhaltensveränderungen
Verpflichtung
Verschuldung
Versicherungen
Vertrauen
Verzicht
Vollständigkeit
Wertpapiere
Willen
Willensstärke
Zinssatz